# 性虐待をふせぐ

## 子どもを守る術《すべ》

石川瞭子 編著

誠信書房

# まえがき

本書は、子どもの性虐待・性犯罪にかかわる援助者に向けて書かれた手引き書です。実例を中心に性虐待の実情と臨床家が出会う問題点を見ていきますので、福祉・司法・教育・医療・心理に携わる援助者が、子どもの性虐待に対応する際、具体的で支持的な示唆を得ることができるはずです。

子どもの性虐待は多様で、しかも援助は緊急を要する場合が少なくありません。さまざまな状況を見て速やかに判断を下し、必要であれば児童相談所等の関係機関への通告を行い、具体的な支援をすぐに開始する必要があります。本書には、経験豊かな援助者たちの経験をもとにした、虐待の援助の現場に必要な情報と技術をふんだんに盛り込みました。

子どもの性虐待は、子どもに対する虐待のなかでももっとも援助論の構築が遅れている分野と言ってよいでしょう。性の問題が社会的にタブー視されていることもその一因ですし、いたいけな子どもへの性虐待という重い現実に対峙することが、援助者や研究者にとって強い心の痛みを引き起こすことも理由の一つだと思われます。これはある意味、当然のことです。

また、援助論の構築には事例研究の深化が欠かせませんが、子どもの性虐待は事例研究をすること自体が大変むずかしく、ここでも他分野にくらべて遅れをとっています。性虐待の事例は、非常にデリケートであつかいの難しいものが大多数を占めます。プライバシーの侵害が決して許されない実際例をあつかうため、援助側・研究者としても慎重にならざるを得ません。研究をするうえでも，援助者のあいだで強いためらいが生じることがあります。また，個人情報の保護が重視されるようになった時代的な背景もあります。

二一世紀を迎え，児童虐待をめぐる状況はだいぶ変化しました。法整備もすすみ，援助も改善した部分があります。しかし，やはりそこでも性虐待は見過ごされがちで，むしろ子どもの性虐待に関してわが国の社会的状況は，ますます深刻化してきていると筆者は考えています。

具体的な数字をあげてみましょう。警察庁の調査では未成年の強姦被害者は九五年に六〇六人であったものが，二〇〇〇年には一，〇〇〇人をこえ，その伸び率は一・六倍を示しています。しかも，この公表された発生数が氷山の一角に過ぎないことは周知の事実です。また，最近は家庭内の性虐待も増加しています。

二〇〇四年の秋，長年にわたって実の娘二人に性虐待をくりかえした父親が，大阪地裁で懲役一八年の判決を言い渡されました。母親が病気のため二人はだれにも相談できず，「長女は次女への暴行をやめさせる代わりに，一時ひとりで父親からの性虐待を受けていた」，と記されています。裁判長が読みあげた判決文には，「もっとも信頼すべき父親から究極の性的虐待をうけ，二人の屈辱感・悲しみ・無力感は筆舌に尽くしがたい」とあります。

このような甚大な人権侵害を未然に防ぐことができなかったことを，筆者は一人の人間として悔しく思っています。また，筆者の臨床仲間にもそうした事件の続発に強い憤りと，現状の改善に意欲を燃やす人たちがいます。この想いが集まって生まれたのが，本書『性虐待をふせぐ――子どもを守る術《すべ》』です。

**「真実をしめせ**
**しかし秘密はまもれ」**

これは性虐待の治療に携わった精神科医ジュディス・ハーマンの有名な言葉です。執筆する過程で、筆者も共著者も、このハーマンが言い表わした強いジレンマに苦しみました。この本に登場する事例は、その特定を避けるために社会的属性などは最低限の表現にとどめ、変更できる点には修正をほどこしてあります。しかし、事実を損なうような事例への操作は極力避けています。その理由は、読者である援助者が援助上の示唆を得るには、正確な情報の提供が欠かせないと考えたからです。援助のためには知識が、知識を得るには正確な情報が必要になります。どうかその点をご理解のうえ、事例をとりあつかう際には特別なご配慮とご協力をお願いしたいと思います。

本書が子どもの性虐待の発生防止に、わずかでも貢献できることを願ってやみません。

編著者　創造学園大学教授
石川瞭子

# 目次

性虐待をふせぐ——子どもを守る術《すべ》

# 序章

# 子どもの性虐待をとりまく多様な現実

石川瞭子（臨床心理士）

本書では、わが国の子どもの性虐待のさまざまな事例を分析し、子どもの性虐待の発生する社会的背景・家族的背景・個人的背景などを検討していきます。子どもの性虐待とはどのようなものなのか、効果的な援助の方法はどのようなものなのか、一〇名の著者がもつ情報を読者と共有することが、本書の最大の狙いです。

## 本書における臨床のスタンス

性虐待を検討するための事例を読んでいただく前に、筆者の臨床的な基本となるスタンスを示しておきたいと思います。筆者は長く社会福祉の領域で臨床経験をつんできましたが、もともとは臨床心理士です。そして事例へのかかわり方・接近方法は、社会構成主義にもとづく家族心理学・家族療法を中心としています。事例の記述に関しては当然、筆者の臨床的立場が反映されるため、読者によっては違和感を感じる方もいらっしゃるかもしれません。

筆者は、事例のかかわりに関して「これが正しい」とか「このように考えなくてはならない」と言うつもりはまったくありません。筆者の見立てや援助方法論は、あくまで一つの参考例と考えていただきたいと思います。

## 四事例

まず始めに、春子、夏子、秋子、冬子の四つの事例（以下、四事例）を紹介します。ここから、わが国の子どもの性虐待をめぐる現実の一側面を示し、本書で検討すべき課題を明確にしてみましょう。

## 事例 ⓪①　春子（中学生）――初期対応の難しさ

春子は中学生の利発な女子で、本人と両親・妹の四人家族である。ある日の夕方、春子から学校に、下校途中に強姦被害にあったという訴えがあった。おどろいた学校関係者は両親に連絡をとり、その後すぐに両親から警察署に被害届けが提出された。これにより警察の緊急捜査が開始された。

このように、関係者の対応は迅速だったものの、残念ながら警察は加害者の男を発見することができなかった。両親はそのことに納得することができず、特に父親は警察の初期捜査の失敗を激しく非難した。

春子の学校には男性のスクールカウンセラーがおり（以後、ＳＣ）、春子は以前からその相談室を頻繁に訪れていた。相談内容は友達関係でいじめを受けたというものが主だった。春子は成績は優秀だったが人間関係の構築が苦手で、教室で孤立しがちだった。また、強姦被害の直前は、成績の急落と精神的に不安定な状態が続いていたようである。

実は、ＳＣは春子が強姦の被害を訴え出たことに対し疑問をもっていた。というのも、春子が強姦されたとされる日、ＳＣは春子が下校した後に再度学校へ戻ってきた様子を偶然にも相談室の窓から見ていたからである。そのときの春子には特別な異変が見られず、また自分の相談室に入ってきた春子の表情が、やや上気していたものの笑顔で、着衣や頭髪の乱れもないようだった。そのためＳＣは春子から強姦被害の訴えを聞いたとき、すぐには信じることができず「ほんとうなのか」とくりかえし質問してしまったほどだった。

春子は強姦被害を届け出た後のＳＣとの面談において、泣きながら事件が真実である旨を訴えた。しかしＳＣは、どうしても春子の証言と自分の見聞きした事象とのギャップに納得することができなかった。

### 事例 ⓪① の考察

この事例でまず問題になるのは、実際に春子が強姦被害にあったのかという点です。

春子の強姦被害という訴えは非日常的なできごとであり、被害女子にとっては「学校が大騒ぎになる」「警察沙汰になる」「両親が呼びだされる」「友達に知られる」などの不都合が起こることが予想されます。このような予測は春子にも容易にできたはずで、「ウソをついている」「へんな子だ」と、周囲から自分が否定的にとらえられる危険性も理解していたはずです。にもかかわらず、なぜ春子は強姦という大変な事件を、学校において訴えたのでしょうか。

ＳＣによれば、春子が被害を訴えたときの表情は、上気していたものの笑い顔で、着衣や頭髪の乱れはなく、とり乱した様子もなかったようでした。一般的にいだく強姦被害の直後のイメージとは異なった様態を春子は示していたようです。

ここで注意していただきたいのは、強姦被害にあった直後の女子が、とり乱したり泣きわめいたりしないケースが沢山あるということです。被害に遭った直後は、事の重大さが理解できずに、あまりのショックに思考が停止してしまうためと思われます。よって表情だけ見ても、ことの真相は判断できないのです。

しかし、つい先ほど強姦の被害に遭ったとなると、着衣や頭髪の乱れ、打ち身や擦り傷から出血、不自然な歩き方、靴や靴下の片方を身につけていない、履いていない、自転車に乗れないなどの尋常でない様子が観察されるものです（ごく稀に外見上の異常がまったく見られない被害者もいます）。

これらを踏まえたうえで春子の訴えを筆者なりに考察すると、怪しい男は確かに存在し、強姦被害にあう危険性も多少はあった（もしくは春子はそう感じた）、のは間違いないと思います。春子は怪しい男の存在に気づき、危険を感じて逃げたのでしょう。ただ強姦されたとする時間の直後に春子を目撃した一人のＳＣの話からすると実際に強姦の被害にあったわけではないようです。被害の直後であるにもかかわらず、ＳＣが「何らかの異変」をまったく感じ取っていないのはそのためでしょう。

では、なぜ春子は被害に遭っていないのに、強姦被害というただならぬ事件に遭遇したと訴えたのでしょうか。ＳＣは当初、春子がＳＣに恋心を抱いており、「事件を訴え出ることで、自分の気をひこうとしたのではないか」と考えたそうです。ＳＣは好青年でしたし、春子は年ごろの女の子ですから、たしかにその可能性は否定できません。しかし人の気をひくだけのために強姦被害をもちだすのは、ややリスクが大きすぎると思われます。そして春子の周りでは、他に気になる点がいくつか見つかりました。

まず春子の父親の警察署での行動です。春子の父親は長時間警察署にとどまり、警察官を攻撃し続けました。初期捜査の失敗を追求するのは、父親ですから当然のことと理解できます。しかし親は、強姦しようとした男に対して怒るのであって、長時間にわたって警察官に怒りをぶつけ続けるのは稀です。親は子に配慮して早々に警察署から引きあげることが多く、警察署から逃げるように被害女子を連れ帰ります。実の子が被害を受けたことが予想される状況で、父親が主役になって警察署に居続けるのは少々不可解と言えるでしょう（同席していた学校関係者はうなだれる警察官に同情したほどだったそうです）。

次に、春子はSCに気になる話を打ち明けています。両親の関係が悪く、母親は妹と子ども部屋で寝ていて、春子は夫婦の寝室で父親と一緒に寝ている、とのことでした。その点に関してSCが「普通じゃない」と言うと、春子は「いやだけど、いやだと言ったらお母さんの寝る場所がなくなっちゃうから、言えない」と答えたそうです（この話は事件が起きる三ヵ月くらい前からでており、SCも気にしていたようです）。

筆者は、これらの話を総合して次のように理解しています。そもそも春子は、日常における年齢不相応の就寝形態に不安を感じていた。具体的に言うと、父親との性的な問題が発生する危険を春子は感じており、未然に何らかの方法で防止したかった。そこで子どもなりに思いついたのが「強姦被害の訴え」であり、両親に対して、自分が成熟した女性に近づきつつあること、性的な事件が起こってもおかしくない年齢に達しているのだと警鐘をならしたかった。

思春期の春子と成人男性である父親が二人だけで就寝する生活形態は、やはり不自然です（この注意点は、以後、本書において繰り返されることになります）。春子は利発で活動的な子であったため、周囲に分かりやすい形で父親との性的な問題発生への未然防止を図ったのではないでしょうか。

SCは春子の両親に対して、「春子さんはそろそろ一人の女性として精神的に自立を達成することが課題となっています。受験等も迫ってきていますので、どうか個室を用意してあげてください」と話しました。両親は家を改装して春子の自室を用意しました。春子はその後、自室に友達を招待して友達関係を広げ、その生活状況は改善されていったそうです。

春子の事例からは子どもの性被害の訴えをどのように受けとめるか、初期対応の困難性と重要性が示唆されます。

## 事例02 夏子（中学生）――性虐待というタブー

夏子は中学生で両親は十年前に離婚している。本人と母親・小学生の弟の三人家族である。母親は病弱で働くことができず、また子どもの養育もままならないため、夏子と弟は福祉施設の養護をうけていた。ある日、施設内において夏子がおさない女児に性的に暴行を加えている現場を職員が発見した。職員によれば、夏子が使用していない部屋の奥に女児をつれこみ、いやがる女児の服をぬがせ、性的に暴行していたとのことだった。

施設内は大騒ぎになった。事件をどのように扱うのか、とくに警察署や児童相談所への通告をどうするか、双方の親にどのように説明するか、今後どのように二人の子どもに接していくかなど、関係者は大きな問題に直面した。

夏子は体格がよく性格もしっかりしており、夏子の担当指導員にとっては年下の子の世話も任せることのできる頼りになる存在だった。それが、こともあろうに幼い女児に性的な暴行をするとはとても信じることができず、担当指導員は強く動揺し混乱した。

夏子の担当指導員によると、夏子の両親が離婚した後、母親は悲嘆にうちひがれ、夏子に精神的に依存するようになった。夏子はそうした母親をねぎらいながら、当時はまだ幼かった弟の面倒をみていた。また、母親のかわりに掃除、洗濯、食事などの家事の一切を引き受けていた。そのうちに夏子は母親が心配であることを理由に、しだいに登校をしなくなった。

夏子は中学生になると、母親に投与されていた精神薬を多量に服用して自殺を企図した。また手首をカッターナイフで切りつけるなどの問題行動が続発し、救急車で病院に運びこまれたことが度々あった。さらに、母親がパチンコに過度に依存する嗜癖があったこともあり、最終的に学校からの連絡で児童相談所が介入し、夏子は弟とともに児童養護施設に措置させられた。

夏子の母親は異様なまでに夏子に依存し、精神的・肉体的に娘に密着する傾向があった（指導員はこれを〈濃密な関係〉と表現している）。

なお、夏子が養護施設内で起こしたこの事件は夏子が自宅に戻る訓練期間中に起きており、一時帰宅を目前にして発生している。

## 事例02の考察

夏子の事例は幼い女児への性犯罪事件として児童指導員から報告されました。性犯罪事件ですので原則は警察署に通告する義務がありますが、夏子自身が中学生で、被害女児は小学生にも達しない幼児でしたので、施設側は大変に悩んだようでした。そして、結果的に女児の親族と夏子の母親にそれぞれ事件の経過説明がなされ、夏子本人には指導と施設の移籍という措置で収まりました。しかし指導員の心には、葛藤とわだかまりが残り、事例の提出となりました。

夏子は年下の子の世話が上手だったため、指導員は夏子に全幅の信頼をあずけて、世話係をまかせていました。指導員は自分の信頼をうらぎった夏子が許せないという思いに圧倒され、失意と絶望にうちのめされていました。

ではなぜこのような事が起きてしまったのでしょうか。夏子は不適切な性欲をもつ、とんでもない女子なのでしょうか。たしかに夏子は思春期の渦中にいますから、旺盛な欲望ももっていたでしょう。ですが、一時帰宅を前にして事件を起こしているのは気になる点です。

児童養護施設にいる子どもにとって、問題を起こすと楽しみにしていた帰宅が取り消しになることは常識です。夏子には帰宅をこばむ何らかの理由があり、帰宅を回避するために事件を起こした可能性はあるでしょう。

また母親は夏子をとても頼りにしていたようですが、その信頼は少々度をすぎていたようです。母親は夏子をあたかも夫ないし恋人あるいは愛人のように扱い、前述の指導員の言葉を借りれば、親子であるにもかかわらず両者は〈濃密な関係〉にありました。

夏子は中学の入学前後に、母親に処方されていた精神薬を多量に服用して自殺を図っています。おそらくその当時、母親からの何らかの虐待が発生したのではないかと推測されます。夏子は数回にわたり救急車で搬送され胃洗浄を受けています。さらに手首切傷なども続発しており、自分が非常に生活しづらい環境にいることを必死に家庭の外部に伝えようとしていたのではないでしょうか。筆者の経験上、このような逼迫した救助信号は性虐待を知らせるものである場合が多いようです。

この過程に沿って考えた場合、夏子の救助信号は病院関係者や隣人からキャッチされることはないまま時間が過ぎたものの、夏子が長期に学校を休みはじめた段階で周囲が動きはじめ、教育センターから児童相談所へ、そして児童養護施設へと措置されたというのが、夏子が辿った道ということになります。母親と別れて弟とともに施設に入所した夏子は、やっと安全とやすらぎを得たのではないでしょうか。

施設に入所した夏子は年齢の割に落ちついており、担当指導員に頼りにされる存在として年下の子らの世話役に抜擢されました。

その後、次第に夏子と担当指導員は親密な関係になっていきますが、夏子にはそうしたプロセスそのものが脅威であったのかも知れません。性虐待の被害女子の場合、親密になると性的な関係が重なって発生するのだと理解されることがあります。しかし、母親のもとに一時帰宅する日が近づいてくると、夏子は動揺し、性欲の発露というよりも緊張からの回避を目的として、女児に衝動的に性的な行為を行ってしまったのだと筆者は考えます（ちなみに、他者に対して性虐待を行う人は、自身も性虐待を受けていた可能性があります）。

さて、非常に難しいケースではありますが、ここで夏子の性犯罪を未然防止できなかったのか、その可能性について考えてみましょう。指導員は夏子が入所した当時から母親との関係に違和感を感じていたのは前述のとおりです。その違和感は〈濃密な関係〉と表現されていますが、ストレートにいえば「性的な匂い」「性的な何かを連想させる雰囲気」であり、指導員は夏子と母親との関係に性的な問題の発生を感じていたのです。

何らかの問題が感じられたのに、指導員が事前にこの問題について施設内で話しあうことをしなかったのは、指導員自信と施設内に性の問題に対するタブー意識があったからではないでしょうか。性的な問題を話すことに対するためらいは、私たちの社会の至るところで見受けられます。もし仮に指導員が違和感を感じた時点で言葉にして施設内で対策をとっておけば、性犯罪は防げたかもしれません。

ここで誤解して欲しくない点は、夏子の担当指導員を責めているのでは決してないという点です。子どもの性虐待に関して、わが国は充分な教育の機会や研修の機会を現場職員に用意していないため、何が性虐待のサインなのか分からない援助者のほうが多いのです。夏子の事例を提出した指導員は正直で勇気ある臨床家として評価されるべきであって、けっして非難されるべきではありません。

　しかしながら、子どもの性虐待のわが国におけるタブーの問題と被害者・加害者への援助の課題、未然防止の課題が示唆された事例でした。

## 事例03　秋子（フリーター）――両親の影響

　秋子は、本人・父・母の三人家族で育った。中学時代に部活の先輩から性的な暴力をうけたが、その際に警察署へ呼び出されたことを理由に両親から体罰を受け、激しくなじられた。このことがきっかけとなり、秋子は非行を繰り返すようになった。

　中学卒業後は高等専門学校に進学したが、学業をそっちのけで風俗産業にのめり込んだ。風俗店の店主の愛人になり、店主の外車にのせてもらい、ブランド服を着て派手な生活を送った。そのときすでに両親は秋子に対して、何も言わなくなっていたようである。

　そのような生活を一年近くも続けていたが、次第にそれにも飽きてきて、まっとうな生活をしようと思うようになる。また当時、秋子を本当の意味で心配してくれる男性との交際が始まり、それも更正の原動力になった。秋子は風俗店でのアルバイトをやめ、量販店のレジのパートをしつつ、休みがちだった高専にも通うようになった。

　生活が安定してきたある日の晩、バイトからの帰り道に、背後から静かに近づいてきた乗用車から男が降りてきて、あっという間に秋子は車内に押し込められ、拉致された。秋子はガムテープで口元を閉じられ、人気のない場所で二度目の性的な暴行をうけた。

　秋子の話によると、その男は中学時代の部活の先輩で措置施設から復帰した男、つまり秋子に最初に性的な暴力を行った男だった。さらに、男はその場において秋子に対し「警察に話したら今度は妹を襲う」と強迫を行った。秋子は男の報復を恐れて口を閉ざすことに決めた。その後、秋子は精神的な不調に陥り、食べた物を吐く行為がやめられず、極度に痩せ、さらに精神薬とアルコールの同時摂取もやめられなくなった。

　つきあっていた彼氏とも別れ、高専も行かなくなった秋子は強い自殺念慮にさいなまれた。

## 事例03の考察

秋子は精神的不調を主訴として筆者のもとを訪れました。外見は年齢相応の服装と化粧をしており、なかなかの美人でした。秋子は初回の面接で二度の性的な暴行事件の全貌を重い口調で、しかし涙も流さず一気に語りました。一見しただけでは分からない、その底なしの孤独感と悲壮感に筆者は打ちのめされました。一言でいい表わすなら、「絶望」が化粧をして服をきて目の前にいるという感じでした。

秋子の話によると、家では非常に強い家庭内暴力が横行しているようでした。母親は父親から恒常的に暴力を受けており、家庭内ではまったく無力な存在でした。後に筆者は秋子の母親にも面接しています。地味な服装で来談した母親は「父親の暴力が子どもに向かうことを防ぎたかった、自分さえ暴力に耐えればそれでいい」「この地で生きていくにはこれしか方法がない」と述べており、自分の人生に対する強い無能感、無力感を抱いているのが見て取れました。

くり返される家庭内暴力と隣り合わせに思春期をすごしたことが、秋子の人格形成や行動傾向に影響を与えていったのは明白です。風俗産業への参加、そして二度の性的な暴行事件の被害を申告しない秋子の姿勢は、母親の深い無力感の影響と思われます。ある意味で、秋子は母親の人生をなぞっていると言えました。

この耐え忍ぶという解決方法こそ、暴力や性犯罪の問題解決の方法としては一番まずいものです。家庭内の暴力行為や性犯罪は、共に親告罪であり、被害にあった本人が申告してはじめて社会的な対応が開始されます。たとえ父親の暴力から娘を守るという理由や、妹への性暴力を未然に防止するという理由があったとしても、申告をせずに沈黙を選択すると、加害者を野放しにすることになります。

秋子を襲った男は他の女子を狙うかも知れません。再度、秋子自身が狙われる可能性もありますし、他言しないと約束したところで、その男が妹を襲わないという保証はありません。これは秋子の母親が夫の暴力が治まることを期待して耐え忍び、結局はうらぎられたのと同じことなのです。暴力や性犯罪はもともとそうした性格をもっており、妥協をしても無意味です。

秋子は精神薬とアルコールの同時摂取による体調不良と、手首切傷および拒食と過食の問題行動を示していました。のちに秋子は再度の自殺企図から入院治療することになりました。秋子は事件の申告をのぞまず、母親も警察に直接いくことを強く拒否したので、筆者を含む関係者は両者の了解のもとに、被害者の氏名をふせたまま事件の報告だけを最寄りの警察署に提出しました。被害の発生から時間がだいぶ経過し、また本人や家族からの申告もなく、さらに明確な物的証拠もなかったので警察署もいかんともしがたい状況でした。

秋子の事例からは性暴力への援助の問題、家庭内暴力と娘の買春の問題、強姦が親告罪であることに関する問題など、重い課題が示唆されました。

## 事例04 冬子（中学生）――家族の自己修復能力

冬子は中学生で、本人・父・姉の三人家族。母親は冬子が八歳の時に病死している。担任教師の紹介で筆者のもとを訪れた。

半年ほど前の夕刻、冬子が担任のアパートを訪ね、担任の妻に一泊させてほしいと頼んだ。母親を幼少時になくして寂しいというのがその理由だった。かわいそうに思った妻はその日、冬子の宿泊を許した。

ところがそれから冬子の宿泊の要望は度重なるようになり、担任の家庭生活にも支障がおよぶようになった。担任は冬子の父親を呼びよせ、冬子に訪問をつつしむよう注意してほしいと依頼した。父親は丁重にあやまり、冬子に厳しく行動の反省をうながすと約束した。しかしそのころから冬子は担任をつけまわすようになり、自宅ドアのベルを鳴らし続け、無言電話を頻繁にかけるようになった。冬子は筆者のもとを訪れた時点で、これらの行動は続いていた。

冬子は不眠からくる情緒不安を抱え、不登校の状態だった。担任の妻に対する強い恨みの感情を抱きつつ、また一方、担任を自分のものにしたいという強い願望からストーキングもやめられずにいた。冬子は担任の帰宅途中を待ちぶせしたり担任を追跡したりして、登校できるような精神状態になかった。困った担任は「何とかできないものか、身の危険を感じる」と、筆者のもとを訪れた。

### 事例04の考察

冬子の印象は幼い子どもの面ももちつつ、成熟した大人のような様子もみせ、子どもと大人が同居したような奇妙な印象を見る者に与えました。視線が定まらず、行動が落ちつかず、じっと座っていられず、常にそわそわしていました。

冬子の家族について説明します。冬子の姉は二二歳で、地味な服装と年齢にそぐわないパーマをかけており、実年齢よりもはるかに老けてみえました（筆者には四〇～五〇歳の人間に思えました）。また、自分の母親が愛着していたというウールのスーツをきていました。姉は父親とともに冬子の保護者として来所しましたが、父親と並ぶその姿は父娘ではなく夫婦のように見えました。

実際姉は、父親の世話をふくむ家事の一切と、冬子の家庭教育の面倒もみており、実質的に母親の役割を担っていたようです（冬子の話では、姉と父親は夫婦のように一緒に寝室で就寝していました）。また姉は筆者の前で「社会的な地位にある父親を支えることは私の誇りであり、冬子をきちんと育てる義務が私にある」と述べています。

冬子の母親はながらく精神を患い、入院治療をすすめているうちに衰弱して亡くなったとのことでした。母親が亡くなったとき、冬子の姉は親族から、母親のかわりに家族の世話をするように言われたそうです。もともと真面目で勤勉で努力家の冬子の姉は、親族の諭しに従順でした。

姉は父親とまだ小学校に通う冬子の食事をつくり、掃除洗濯をして下校した冬子の宿題をみて、帰宅のおそい父親の風呂の準備をする生活をしました。そして当然のように高校の卒業後は家事に専念するために、進学も就職もしませんでした。父親は専門職に就いた社会的地位の高い人物で、一家は経済的には裕福でした。母親の死後、冬子の父親と姉の関係がどのような過程を経たのかは不明です。しかし、担任へのストーカー行為で筆者が冬子一家とのかかわりをもった時点ではすでに、姉と父親は一般的にいう親子の関係ではなく、男女として事実婚の状態にあると思われました。

冬子は、こうした家庭環境のなかで思春期を向かえていたわけです。冬子が、前述の「幼い子どもと大人が同居したような奇妙な雰囲気」をもっていたのは、育った特殊な家庭環境と無縁ではなかったでしょう。家庭内で親子が夫婦のように生活をしていることが、思春期の女子に大きな影響を及ぼすことは容易に想像できます（冬子は姉と父親の寝室で何が起きていたのかを知っている、もしくは実際に目の当たりにしている可能性すらあった）。また家庭内では、父親と姉が夫婦のように過ごしていることに触れることはタブーだったと思われます。

同胞が実の親と関係をもった場合、それが思春期の子どもの性に対する認知に大きな影響を及ぼします。冬子からすれば、姉が父親と関係をもつことによって父親から大事にされ、大人として扱われているように見えた可能性もあります。

このような、不自然な生活の積み重ねが冬子の心に歪みを与えていき、最終的に担任へのストーカー行為となって表出されたのではないかと筆者は考えています。冬子は自分の家庭内の人間関係をモデルとして、自分なりに担任に対する好意を示したのかもしれません。また、担任に接近して性関係をもつことが大人に成長する方法であると誤解していた可能性もあります。

この事例に出てくる冬子は、直接的な性虐待の被害者ではありませんが、姉が父親からの性虐待の被害者であり(この場合、姉の合意の有無は関係ありません)、冬子がそうした環境に恒常的に身を置かざるを得ない未成年だったことを考えれば、間接的な性虐待の被害者と言ってよいでしょう。また、家庭生活のなかに近親姦にまつわるタブーが存在すると、子どもの現実感覚を良くない方向に歪ませることになります。

冬子に対する援助の際には、筆者は非常に悩み苦しみました。これは個人の倫理観が問われる問題であり、何をもって虐待とするか、何をもって人権侵害なのかを定義することは簡単ではありません。成人同士の性の問題は、たとえそれが親子の関係であっても、部外者、さらには行政的な介入が非常に馴染みにくい問題です。しかしながら、すでに冬子にはストーキングという行動上の問題が出ており、さらに卒業と進学の時期が迫っていたため、援助を急ぐ必要がありました。

そこで筆者は、冬子にこれ以上の生活上のストレスを与えないために、父親と姉の協力を引きだすことにしました。来所した渋い顔の父親に、それとなく生活の改善を促しました。冬子が成長するためには姉が社会的に自立していることを見せる必要があり、姉の大学進学や就職できる環境をととのえて欲しいと慎重に説得しました。そのときは私たちの説得がどこまで効果があったか分かりませんでしたが、しばらくすると父親と姉は冬子を遠方の高校の寮にいれることを認めました。このことは冬子の姉が報告しに来てくれたのですが、そのときの姉は以前のような中年の女性のようないでたちではなく、二十三歳の女性に相応しい流行の髪型と服装をしていました。姉は、自分も資格を取得するために専門学校に通うようになったと述べました。

この冬子の事例から分かったことは、家族のなかに存在する正常なバランスを取り戻す自己修復の力です。また性虐待の多様性を検討するうえで重要な示唆を与えてくれる事例です。

## まとめ――四事例から分かること

本章でみてきた事例から示唆されることをまとめてみます。

### 1. 子どもの性虐待は特別な人による特殊な事件ではない

この章で取りあげた事例に限らず、子どもの性虐待は、子どもが日常生活のなかで接している人によって引き起こされることが多くあります。性虐待の被害者の多くが、ごく一般的な家庭のごく普通の子です。

### 2. 性虐待は未然に防止することが大変重要になる

性虐待は非常に多きな苦しみと破綻を被害者の人生にもたらします。また性虐待は社会的タブーが非常に強く、被害者が事件そのものを封印して黙りこむケースが沢山あります。秋子の事例などはその典型であり、その結末を考えると、何としても事件の発生を未然に防止したいところです。

### 3. 性虐待は多様で、さまざまな形態がある

事例をみれば分かるとおり、性虐待にはさまざまな形が存在します。家族形態、生活習慣、地域あるいは社会動向など、多くの社会的要素に影響を受けるため、非常に個別性が高い問題と言えます。それゆえ一機関・一個人では対応できない、複雑な問題に発展しがちです。

### 4. 被害者の行動が周囲から誤解される恐れがある

四事例のなかの夏子と冬子は、それぞれ「性暴力事件をおこした子」「担任にストーカー行為をする子」と周囲からみられています。問題行動により、性虐待の援助が必要であることが周囲に伝わりません。この傾向は、特に買春の被害女子に強くみられます。

### 5. 家族の修復能力に期待できる――被害者と加害者のなかにある可能性

冬子の事例では、援助者の介入の結果、冬子は遠方の

寮にはいり高校生活をスタートさせました。この事例では、父親からの性虐待を未然に防止できた可能性があります。さらに姉は、母親のような立場から脱却して専門学校に進学するという大きな変化をみせています。筆者らはこの事実のみで姉と父親の問題が解決したとは考えていませんが、父親と姉の関係に変化の兆しが見られたのは確かですし、それは大変重要なことだと思います。被害者と加害者に対して適切な介入を行うことで、家族間の関係が好転し、未然防止と援助の可能性が広がることが期待されます。

## 多様な視点と手段をもつことの重要性

子どもの性虐待はさまざまな要素が複雑に絡み合っているため、子どもの様子にのみ焦点を当てても援助が難しくなります。子ども、家族構成、家族の生活スタイルと習慣、地域社会の文化、などを考慮しながら介入を進める必要があります。また関係する法律の検討も重要です。

現在わが国では、性虐待にかぎらず虐待問題に対してさまざまな現場にさまざまな援助者がおり、さまざまな理論と方法論にもとづいて援助を行っています。そしてそれらは、それぞれの立場で見るかぎりで正しいのだと筆者は思います。しかし、個々の現場の見立てだけで援助を行おうとすると、問題を完全に把握できていない場合は、援助の効果に限界が出てきてしまいます。

そのため、いろいろな角度からの視点と手段をもつことが重要なポイントになります。見立てと援助方法が一つだけでは、なかなかうまくいきません。さまざまな立場の関係者があつまって、意見を出しあいながら理解を深め、多様なかかわりを展開することが理想と言えます。

## 文献について

本書を読み進めるうえでは、子どもの性虐待に関する文献レビューが役に立ちます。本書でもいくつか紹介していますが、残念ながら今のところその数は、非常に少ないのが実情です。現在、国立国会図書館に所蔵されている図書・雑誌、ネットによる図書購入サイトにおける「児童（子ども）の性的虐待の援助」の検索結果はゼロであり、「子どもの性虐待の防止」で検索しても同様の結果でした。援助だけでなく防止、発見、危機介入に関する専門書籍も見あたりません。これは、わが国の児童虐待の研究が盛んになったのが二〇〇〇年あたりとごく最近であることと関連しています。

次をご覧ください。

二〇〇四年で入手できる児童虐待関連の一般書
◇和書　約八〇〇冊
◇洋書　約二、五〇〇冊

二〇〇四年で入手できる「子どもの性（的）虐待」に関する文献
◇和書　約二〇冊
◇洋書　約一、五〇〇冊

右のデータから、児童虐待・子どもの性虐待に関する和書の割合が極端に少なくなっていることが分かると思います。加えて、和書としてカウントされている書籍の大部分は翻訳本で、この数字からもわが国の子どもの性的虐待の研究は、まだ始まったばかりの段階と言えるでしょう。なお二〇〇五年四月の時点では、「子どもの性的虐待」で和書は三四冊が登録され、これはその前の年と比べて約六割も増加しています。今後、より一層の和書の文献の充実が待たれるところです。

# 第Ⅰ部

# 発見と防止——学校臨床

# はじめに

通常、子どもの性虐待の最前線を担うのは児童相談所とされていますが、実は幼稚園、小・中学校などの教育機関はさまざまな子どもの性虐待に接する機会があり、その発見と防止の最前線に位置していると言えます。児童虐待の防止等の法律改正の際には、教育機関の通告努力義務が明記されています。しかし実際には、未然防止や直前防止ないし早期発見のチャンスを得ながらも、教師やスクールカウンセラーの経験不足から早期介入の好機を逃している場合が少なくないようです。

そこで第Ⅰ部では、スクールカウンセラーと小学校教諭による子どもの性虐待の事例報告を見ながら、教育現場における虐待の未然防止と早期発見の可能性を検討したいと思います。

# 第1章

# 生活環境から性虐待をとらえる

佐藤量子（スクールカウンセラー）

本章では、スクールカウンセラーの立場から、子どもへの性虐待が疑われる事例をふりかえり、生活環境と性虐待の関係について考えます。性虐待を未然に防ぐ可能性はどこにあるのか。まず、事例の考察を行い、次に性虐待を未然に防ぐ具体的な方法について考えたいと思います。

## 学校という最前線

私のはじめての臨床現場は学校でした。私は、スクールカウンセラーとして、いくつもの学校へ行き、たくさんの児童・生徒、保護者の方々と出会いました。学校は、児童や生徒たちの「生きた声」が聞こえる場所でした。そしてそのなかには、児童・生徒が発するＳＯＳもありました。学校には、専門機関などに行く前の、あるいは周囲の大人が問題に気づく前の状態にある、さまざまな問題をかかえる児童・生徒たちの姿がありました。学校はまさに、このような子どもたちの「最前線」であり、スクールカウンセラーは、広く深い専門知識と多くの経験を必要としていました。学校という最前線で、経験の浅い私は毎日がとまどいの連続で、一つひとつの事例に出会うたびに右往左往していたことが今でも鮮明に思いだされます。

カウンセラーの仕事について一年目のある日、キリッとした感じの美しい細身のお母さんが相談室にやって来ました。そのお母さんは、「今日は、小学校二年生の息子のことで専門の先生のご意見をうかがいに来ました。

主人や主人の母から、私が息子に甘すぎると言われるんです。息子といっしょにお風呂に入ったり、寝たりするのは甘やかしすぎだと言われて。息子の成長をさまたげると言われました。でも、スキンシップは大事ですよね」と私に尋ねました。

さらに「子どもは抱きしめて育てなさいって言いますよね。私はまだいっしょに寝たり、お風呂に入ったりしてもいい歳だと思うんですけど、主人や主人の母が普通じゃないって言うんです。そうなんでしょうか。何歳くらいまでいっしょにお風呂に入ったり、寝たりしてもいいんですか。まだ大丈夫ですよね？」とお母さんは私に質問しました。

「いつまでいっしょにお風呂に入ってよいのか」「いつまでいっしょに寝てもいいのか」というお母さんからの質問に、とまどったのを覚えています。そのとき私は、「三年生になるころには卒業したほうがよいのではないでしょうか。息子さんにとって、お母さんは異性ですし」と答えました。

お母さんは、「三年生くらいですね」と念をおし、そして、「異性といっても、私たちは親子ですよ」と不思議そうな表情をしました。親子という関係であっても、母親にとって息子は異性であるという事実は、お母さんに受け入れ難いことのようでした。

私は、面接が終わってから、はたして「異性」という言葉の使い方は適切だったのだろうか、三年生になるころにとは言ったものの、異性の親子はいつまでいっしょにお風呂に入るのだろうかと自問しました。

お母さんに話した内容に不安をおぼえた私は、この面接が終わるとすぐ本屋に直行しました。そして、「いつまでいっしょにお風呂に入ってよいのか」という問に対する答えを、育児書や心理学などの本から探そうとしました。その時に私が見た本は四～五冊でしたが、生活面での自立の時期について具体的に記載されたものはなかったと記憶しています。

そのお母さんとは、その後も数回お会いしました。お母さんとの話がすすむうちに、夫婦仲がわるく、同居する義母の存在にお母さんが苛ついていることが明らかになりました。そして、義母の言いなりで自分を守ってくれない夫に大きな不満を持っており、夫婦関係は冷え切っていると話しました。数回目の面接で、「実は、夫と同じ部屋で寝たくないんです」とそのお母さんは言いました。お母さんは、息子といっしょに寝ることで、夫と同じ部屋で寝ることを回避していたようでした。

その他にも、子どもが不登校である、反抗的な態度をとって困っている、と話すお父さんやお母さんたちと会いました。お父さんやお母さんたちからの話を聞きながら、六年生でお母さんといっしょにお風呂に入っている男児、ひとりで寝るのが怖いからと言って、お母さんやお父さんと寝ている男児や女児がたくさんいることも私は知りました。そのお母さん・お父さんが口をそろえて言うのが「子どもは抱きしめて育てなさいと、いろいろな本に書いてある」「子どもがこわがるから無理に（寝室を）わけるわけにもいかない」、「子どもといっしょに入浴するのは、コミュニケーションの一つ」などの言葉でした。

私が、「子どもを抱きしめて育てる時期もたしかにありますが、いつまでお子さんといっしょにお風呂に入り続けるのですか」「いつまでいっしょに眠るのですか」と尋ねると、ほとんどの親御さんは、「その時がくれば、自然と子どもは親から巣立っていく」、「第二次性徴が来れば、親を必要としなくなる」「子どものほうから恥ずかしがって、親といっしょに寝たり、お風呂に入ったりしたがらなくなるのではないですか」と答えました。異性の親子がいつまで入浴や寝室を共にするのかについて、多くの親が曖昧な基準をもっていることを私は知りました。

スクールカウンセラーとして多くの家族と接していく過程で、私はあることに気づきました。それは、相談室に来る子どもは、異性の親といっしょに寝たり、お風呂に入っている割合が高いということでした。そのような家庭では、お風呂や寝室などの生活習慣が子どもの発達におよぼす影響について、十分な配慮がされていないようでした。次第に私は、親子関係や情緒的な問題について考える前に、まずその家族の生活を整えることで多くの問題が解消されるのではないかと考えるようになりました。しかし、その時点ではまだ、生活環境の問題が性虐待に繋がるなどとは考えもしませんでした。

そんなある日、校内研修で、あるスーパーバイザー（以下、ＳＶ）と出会いました。当時、私が担当していた不登校を主訴とする事例について、ＳＶは「中学生の娘が父親と寝ているので、性虐待の可能性を視野に入れて対応する必要がある」と話しました。また、「性虐待には長い準備期間があり、その間、子どもたちは多くのサインを周囲に送っている可能性がある」とも話しました。サインのなかには、無気力、急激な学力低下、夜尿、生理痛、爪かみ、抜毛、場面緘黙《かんもく》、不登校などの不適応である場合が多いということで、私の事例にあてはまる指摘ばかりでした。当時私は、父親と寝ていることが女児に、とりわけ女児と母親の関係に大きな影響を及ぼしていると考えていましたが、「性虐待」という言葉は、その可能性を視野にいれるというものであっても、とても衝撃的でショックでした。

私は、ＳＶの言葉をすぐには受け入れられず、性虐待とは言いすぎだと思いました。いっしょに寝ていることが性虐待の可能性を示唆するとはかぎらないのではないかと思ったのです。とても不快な感情がわき、女児を被害者にしようとしているだけなのではないか、大げさだとも思いました。しかし、ふりかえってみると認められなかったのは私自身が性虐待に対して無知で、偏見をもっていたからではなかったかと今では思います。

そもそも、「性虐待」とは何なのか、ということを私は理解していませんでした。そんな私に対するＳＶの具体的な指摘は、ほかの事例についても「そういえば」と思うことが多く、援助する者が無知を自覚し、知識をもつことが性虐待の防止の第一歩なのかもしれないと思うようになりました。しかし、そうは言っても、なかなか自分自身の無知や偏見に直面することができず、ＳＶの厳しい指導で何度も考え直す、ということをくり返しました。

性虐待について学び、日常の生活環境のなかで起こる「性虐待」について意識的であろうとしていた矢先、「友達がおじいちゃんに性虐待を受けているみたいだ」と話す生徒が相談室を訪れました。実はそれまでにも、養護教諭から、「確証はないが、保健室によく来る生徒のなかに性虐待を受けている可能性がある子どもがいる」という話を聞いていました。その話を聞いたときは、性虐待の疑いがあった場合にどのような手立てがあるだろうか、と思いながらも、結局、養護教諭の話を聞くだけに終わってしまい、具体的な援助は何もできずにいました。性虐待について学び、意識が高まっても、性虐待の疑いがある事例について私ができることは、非常に限られていました。

学校という組織のなかで性虐待に対応しようとすると、多くの壁に突き当たることになります。私自身がそうだったように、多くの教職員が性虐待に対して偏見をもっているようでした。また、児童相談所に通告したものの、児童・生徒の嘘だとしたら、騒ぎを起こしただけになるのではないか、問題を大きくすることでかえって児童・生徒が傷つくだけではないかという学校側の危惧もあり、慎重にならざるをえない状況もあります。

しかし、性虐待には適切で迅速な対応が必要です。児童・生徒が出しているサインに周囲の大人が気づかない、あるいは何もできないでいると、児童・生徒は二重にも三重にも傷つきます。学校はサインをキャッチしやすい、可能性を秘めた場所であると私は思います。同じ年齢の児童・生徒たちのなかにいることで、サインが際立つということがあるのではないか、と思うのです。その意味で、学校には大きな可能性があると私は思います。お風呂や寝室などの住環境の問題が、子どもの性虐待の可能性につながるという危機感を、子どもをとりまく大人、特に子どもと日常接する機会がある教職員が常にもつことが、未然防止への第一歩になるのではないかと思います。

## 事　例

それでは次に、学校で発見される性虐待の可能性が疑われる事例を四つ挙げ、日常生活のなかで起こる性虐待について考えたいと思います。彼女たちと出会った際に、私は性虐待についての知識が十分ではありませんでした。文字どおり、右往左往しながらの援助でした。子どもたちが健やかに育っていくために、援助者として何ができるのでしょうか。読者と一緒に考えていけたら幸いです。なお、文中の事例は内容をそこなわない範囲で修正してあります。

### 事例05　ひろ子（小学二年生）

ある担任が、「ひろ子が性的な話をクラスのなかでして対応に困っている」ということでスクールカウンセラーのもとへ相談に来ました。性的な話とは、男女の性行為に関する話や性器の話であったり、子どもがどのようにして生まれてくるかという話で、担任は、「そういう話はクラスでしないように」と何度も注意したそうです。ひろ子は、「お母さんがだいじなことだって言ってたもん」と言って大きな声で話を続けるので、担任は対応に困っていると言いました。さらに担任は、他の子どもたちがひろ子の話を嫌がって、ひろ子はクラス内で孤立しているとも言いました。ひろ子は授業中にボーッとしていることが多く、友達関係も少なく、整理整頓が下手で、身だしなみもだらしなく、指導上困難な生徒であると担任は言いました。

私は、ひろ子のクラスでの様子を知りたいと考え、教室へ行きました。机のまわりにはひろ子の持ち物がいたるところに落ちており、机の中は私物でいっぱいでした。担任の話のとおり、授業中も集中力がなくボーッとしているようでした。ひろ子は、一見活発そうな印象の子で、だれに対しても人なつっこく、私を見るなり飛びつき、話かけてきました。担任に注意をされているときには、一瞬しょんぼりするのですが、数分後には大声で話し始めたり、整理整頓ができないことや、落ち着きなく動きまわり不注意なこと、集中力の無さなどから、私は何らかの発達障害の可能性を考えました。

対応をめぐって担任と協議をしている際、学校側や母親からの情報で、ひろ子が妹の出産場面に同席していたという情報を得ました。また、ひろ子の両親は早期の性教育が大切であると考えており、ひろ子に子どもが生まれる過程や男女の違い、また性行為についてもかなり具体的に教えていることが分かりました。これらのことが、教室において性的な話をすることと関連している可能性が出てきました。

そこで私は、母親との面接で、「性教育には適切な時期がある。早すぎる性教育は、子どもを傷つけるかもしれない」と話しました。しかし、母親は、「性教育は、命の尊さを教えるために行っているし、家の方針として、ある考え方のもとにしていることですから、変えるつもりはありません」と強い口調で反論しました。母親によると、父親も同じ考えであるとのことでした。出産場面に同席したことについても、ひろ子は「お母さん、がんばって」と応援していたし、「命の尊さを知るすばらしい機会になったので、ひろ子にとって良かったと思っている」という答えが返ってきました。

私は困りました。子どもにとって、早すぎる性教育は脅威となる可能性をお話しても、保護者から「うちの方針ですし、ちゃんとした考え方のもとに行っていることです」と返されると、それ以上は何も言えなくなりました。私は、どのように保護者に接してお話しすればよかったのか、今でも迷っています。性虐待になる可能性をはっきりと指摘するべきだったのでしょうか。しかし、「性的虐待ですよ」と言えば、お母さんは納得して方針を変えたでしょうか。私は、親の認識を変えること、そして、性虐待と決めつけることの二つの点で難しさを感じました。

欧米では、性的な場面を見せること、性行為を子どもに伝えることも性虐待と考えられています。日本では、そのような意識は低いのではないかと思います。

私自身もそのような意識が低く、性的な情報が子どもに実際にどのような影響を及ぼすのか、理解できていなかったように思います。

面接場面でひろ子は、夜眠るのが怖いと言い、出産場面を思い出すと、暗い表情になり、「どうしたの？」という私の問いかけに対して「わかんない」と言ってうつむきました。ひろ子は混乱し、傷つき、不安定になっているようでした。混乱したひろ子の気持ちが表れるにつれ、性的な話や性教育は、幼い子どもに深刻な混乱をひきおこし、傷になる可能性も否定できないのだと私は痛感しました。

ひろ子が不安定になった要因の一つに、両親の目が小さな妹に向けられたことも考えられます。しかし何よりも、いつ、どのように性教育を導入するかは、子どもの成長にとっておおきな課題であるように私は思いました。理解する準備のできていない状態で性について情報を与えられることは、子どもの心に傷をつける可能性があること、そのことが虐待に該当する傷つき体験になることを、幼いひろ子は私に教えてくれたと思います。ひろ子の事例では、何をもって性虐待であるかという根源的な問題を考えさせられました。

## 事例⑥ あき代（小学四年生）

ある担任からの紹介で、あき代と母親が相談室をおとずれました。担任は、あき代が登校をしぶっており、学校へ来ても教室に入れないでいると話しました。担任は、母親のあき代へのかかわり方に問題があるように感じているので、とくに母親のカウンセリングをお願いしたいと私に言いました。

相談室に来たときのあき代の服はうす汚れていて、身だしなみが整っていませんでした。季節にあわない服をだらしなく身につけていて、私はそれがとても気になりました。母親は着のみ着のままという格好で身なりに構う暇がなく、生活に疲れているという印象でした。母親は、あき代が学校でいじめられていると涙ながらに何度も訴え、一方、あき代は学校が怖いと話しました。

母親によるとあき代は「面倒見がよく優しい子で、低学年のころには何の問題もなかった。しかし、担任が代わってからあき代の様子が変わり、とても学校を怖がるようになった」とのことでした。登校しぶりを始めたころは、母親が嫌がるあき代の手を引っ張り、なかば無理やり登校させていたそうです。しかし、あき代は教室の近くまでは行くものの中には入れませんでした。教室の前で泣き続け、どうにも動こうとしないため、母親と別室ですごすことが多くなりました。

あき代には兄弟が多く、両親がじゅうぶんな報酬を得られる仕事をしていなかったため、ふた間しかない家で七人が寝食をともにしていました。あき代はほぼ毎晩、夜尿があると母親は話しました。しかし、母親は、あき代の夜尿については問題を感じていないようでした。母親は、「あき代の姉兄弟も、中学校を卒業するまで夜尿がありましたが、そのうちおさまりました。あき代もそのうちにおさまると思います」と言いました。母親は、あき代の夜尿に関して気にとめていないようでした。

大学生の長女と長男、高校生の次男らも両親と同じ部屋で眠っている、と母親から聞いたときには、私は正直なところ驚きを隠せませんでした。あき代の夜尿は、両親の不適切な行為、特に不用意に両親の性行為をみせている等の可能性、兄弟などからのあき代への性虐待の可能性も否定できないと考えられました。私は寝室を別々にすることを提案しましたが、母親は、今の家計ではとても広い家に引越すことはできないし、寝室を別々にすることはできないと話しました。

あき代にとって、お父さんやお兄さんたちの裸を見たり、着がえを見ること、あき代自身の着がえのプロセスを見られることは、日常茶飯事だったと思われます。思春期に入りつつあるあき代のプライバシーは、守られているとは言えない状況でした。同じ部屋で両親と大学生の兄弟、高校生の兄たちと眠っていること、入浴後のプライベートな時間も空間もない生活が、あき代の成長に何らかの影響を及ぼしていないかと心配でした。

面接を重ねるうち、若い男性教員があき代の担任になって以来、あき代が担任のひざの上にのったり、後ろから抱きついたり、おんぶや抱っこをせがんだりし、そのことが学級内で問題視されていることが分かりました。担任にベタベタする行為はクラス内でこころよく思われず、あき代は友達関係で孤立しているようでした。ここでもあき代の生活環境が、あき代の対人関係、特に異性との接近のありかたに、影響を与えている可能性がありました。あき代は、もしかしたら性化行動をとっていたのかもしれません。あき代は私に、性虐待と生活環境の問題について考えることを教えてくれたと思います。

## 事例⑦ まい子（中学三年生）

まい子は中学三年生の女子生徒です。閉室時間がせまったころ、その友人のきょう子が相談室を訪れました。きょう子は言いにくそうに、「まい子が寝てたらね、おじいちゃんがまい子のふとんに入ってきて、抱きついてくるんだって」と言いました。そして、「すごく気持ち悪いって言ってるんだけど、それって、チカンといっしょだよね」と私にたずねました。

さらにきょう子は、「まい子にね、誰かに相談したほうがいいよって言ったんだけど、絶対に言いたくない。絶対に誰にも言わないでって言われたんだけど、どうしても気になって。先生、だれにも言わないでね」と念をおし、「まい子が泣いてる。どうしたらいいんだろう……」と話しました。私はきょう子に、「話してくれてありがとう」と伝え、「もしできたら、まい子に相談室に行こうと誘ってね」と言いました。

第三者から性虐待の事実を話されさた際に、スクールカウンセラーとしてどう動くべきなのか、私はとても迷いました。ほかのスクールカウンセラーやSVの意見を聞き、学校に報告することにしました。そして、校長、教頭、担任、養護教諭と対応について話し合いました。ある教職員は「本人が言ってこないものを、こちらから聞けないのではないか。内容が内容だし、本人もいやがるのではないか」との意見でした。また別の教職員は、まい子の日々の言動（虚言など）から、性虐待の訴えが「単に注目を集めようとしているだけではないか、嘘を言っているのではないか」と考えているようでした。

まい子は、豊満な体つきで、いつもけだるそうにしており、先生たちからはだらしがないという印象をもたれている生徒でした。筆者としては、校則をやぶり、反抗的でふてぶてしい態度をとるまい子の言動に、性虐待のSOSのサインがこめられていた可能性も考えました。しかし、当時のまい子の家庭の事情をよく知る教員は、母子関係でまい子が苦しんでいると判断しているようでした。祖父に関する話を母親が知れば、親子関係が一層悪くなり、それこそまい子がもっとも避けたい事態ではないかとのことでした。

私と数人の教員は、「性虐待の可能性を知ったからには、児童相談所に通告する義務が発生する」という意見でした。一方で、「問題を大きくしすぎてないか」「さわぎ立てることで、まい子を傷つけないか」という意見も教員間ではありました。私は、まい子を余計に傷つけるのではないかということを他の教員から指摘され、たじろぎました。一方で、本人からの訴えがないし、証拠もないという教員の意見に対して、どうやって証拠を出せと言うのだろうと私は疑問と憤りを覚えました。

しかし、「虚言ではない」と言いきれる証拠もなく、断言できないなどの私自身の確信のなさもありました。毎日、まい子と接している先生たちの意見に圧倒されてしまったこともあります。現に、「チカンにあった」という虚言と思える訴えをする生徒が学校内にいなくはないのです。

学校での話し合いの結果、まい子からの直接の証言が必要であるという意見が主流になり、友人のきょう子を介して、まい子に学校の教職員に相談するように説得してもらうことになりました。そしてまい子が、信頼しているある教員に相談することになりました。

その教員は、まい子の話を聞き、祖父がまい子にしていることは性虐待であることを確信しました。よって教員は、まい子は自分を守る権利があり、自分の身体を守るために家を出ることができることなどを説明し、児童相談所に通告する必要を伝えました。まい子は迷いながらも教員の話に納得し、その日のうちに教員といっしょに児童相談所に通告をしました。

しかし、通告したことが学校内で別の論争を巻き起こすことになりました。通告は早すぎたのではないか、親にはどう説明するのか、管理職の許可はとったのか、学校全体に報告すべき事項ではないか、うんぬん。そして、その教員は、孤立してしまいました。

その後、児童福祉司はまい子に、家を出て、安全な場所に身をよせることを提案しました。しかし、まい子は「自分が家からいなくなったらお母さんがどうなるか心配だ」と言って、家を出ないほうを選びました。母親には、学校と児童福祉司から話をしましたが、嘘を言っているとまい子の証言をはねのけました。

まい子の母と父（内縁の夫）には多額の借金があり、生活が苦しいということで母の実家に親子三人で身をよせて暮らしていました。母は、借金を返すことと、男性との関係をつなぎとめることに必死で、夜は夫婦で出かけることが多かったようです。祖父と二人で家に残されるまい子に対し、祖父が性虐待をしていた可能性がありました。しかしながら確実な証拠はなく、また家を出たくないと言うまい子と、嘘を言っていると言う母に対し、教師と職員は何もできないまま、まい子は卒業していきました。私と関係者は徒労感に襲われました。

まい子の事例からは、性虐待が実際に起こったことを受け入れたくないという学校教育現場の偏見、また性虐待を受けた女子にも原因があったのではないかという教員による偏見があることが分かります。そして親が子どもの保護を拒否した場合、子どもの保護を実行できないという学校での対応の限界が強く印象づけられました。

## 事例⑧ よう子（中学一年生）

よう子と初めて会ったときのことを、私はよく覚えています。よう子は、私に性虐待の問題に直面する機会を与えてくれました。よう子は中学一年生で、色白でおっとりした雰囲気の女子でした。学校に行きたくないと言って学校を休んでいたよう子を、お父さんが相談室に連れてきました。私が初対面のことをよく記憶しているのは、父娘が寄り添うようにして歩く姿がまるで恋人同士のように見えたからです。

よう子は、小学校高学年になるまでは活発で元気な女の子でしたが、その後不定期な登校しぶりが始まり、中学生になってしばらくして学校を休むようになったとのことでした。

よう子の家族は、自由業の父親、パートの母親、姉、父方の祖母の五人暮しでした。仕事で忙しい母親に代わり、よう子は祖母に育てられました。母と祖母は意見があわず、おりあいが悪かったようです。よう子は九歳で初潮を向かえ、以来重い生理痛に悩まされていると父親は言いました。両親は家庭内別居状態で互いに口をきくこともなく、たまに話をしたかと思えば夫婦喧嘩になって父親が怒鳴りちらすのだと、よう子は話しました。また、よう子は「頭がボーッとする」「バスで男の人が横に立ったときに、気持ち悪くて吐きそうになった。男性恐怖症かな」と発言しました。

よう子には自分の部屋がありましたが、よう子は父親と、姉は母親と寝ていました。よう子は一人で寝るのが怖いという理由から、父親と同じふとんで眠っていました。父親は、「いっしょに寝ているって言ったって、変なことは何もしてませんよ」と笑いながら言いました。よう子は私が担当し、父親には男性の相談者がつきました。中学二年生のよう子が父親と同じふとんで寝ていることについて、父親の担当をした人の見解は「作家の○○なんて、娘が二○歳になってもいっしょにお風呂に入っているって言うし、いっしょに眠るくらいは問題にならないんじゃないか」というものでした。年ごろの娘と父親は別々の部屋で寝るようにと父親にもよう子にも伝えるということができないまま、私は面接を重ねていました。

そんなある日の校内研修で、あるSVは、よう子の事例について「父親と中学二年生の娘が同じふとんで寝ることは、性虐待の可能性を考える必要がある」と指摘しました。また、よう子の生理痛、無気力、「頭がボーッとする」などの発言は性虐待のサインである可能性があると指摘しました。そのときの私の衝撃は大変なものでした。

私は、よう子が父親といっしょに寝ていることは確かに問題だと思っていましたが、すぐにそれが性虐待とはいえないのではないか、と思いました。性虐待というより、父母の役割不全ではないかと思い、SVの指摘を受け入れられませんでした。そのSVは、中学生の娘の生理日や生理痛を詳しく父親が知っていると事態が自然ではなく、通常、その年ごろの娘は異性の親にそれらを知られることを極端に嫌うものだ、と述べました。そして、私の、もっている偏見や知識のなさを指摘し、性虐待についての説明を具体的にしました。今ならば、よう子が性虐待をうける前に予防ができるだろう、とSVは述べました。

そこでようやく私は事の緊急性に気付き、なんとしてでも父親に寝室を別にすることを伝えようと決心しました。面接には母親にも参加してもらい、両親とよう子の寝室について話し合いました。

両親との面接で、母親は、「よう子のことが分からない。よう子が何を考えているのか、本当のことが知りたいんです。よう子は先生に何を話していますか」と私に尋ねました。そして、「よう子は父親にとられたような感じで、私が手だしできなかったんです……だから、お姉ちゃんばかりに目をかけてきました。よう子には、かわいそうなことをしました」とも話しました。

その後、よう子は母と眠るようになり、次第によう子と母親との関係は修復されていきました。父母の関係も修復され、よう子とやり合ってイライラするお母さんを、お父さんがドライブにつれ出すなどの生活の変化が見られました。次第に、よう子は重い生理痛から解放され、一人で眠ることができるようになりました。よう子は面接で母親と喧嘩したことや、母親への怒り、気づかう思いなどを語るようになり、とてもよく話すようになりました。

よう子の事例から、私は、性虐待の未然防止の可能性を実感しました。寝室を別々にすることによって、家族関係が修復されたことを考えると、よう子の言う重い生理痛や不登校が、性虐待の発生に対する事前のSOSだった可能性は大きいと思います。性虐待の未然防止を可能とするためには、援助者が十分な知識をもっていることが必要であることを感じ、性虐待の研修の必要性を切に感じました。

## 事例の考察

ひろ子、あき代、よう子の事例の主訴は、不登校と教室での問題行動であり、主訴は性虐待ではありません。しかし、主訴のきっかけとなった背景に、性虐待の可能性が見え隠れしていたのは事実です。

私は、学校教育現場でいくつかの性虐待と思える事例に接するうちに、これは看過できない現実だと思い始めました。そして、その研修講師（ＳＶ）に出会ってから、性虐待の多くが別の主訴として扱われ、多くが闇に葬られていることを知りました。また、ＳＶは、偏見は誰もがもっており、すべては自分の偏見に気づくことから始まると話しました。性虐待は、痛ましいものであるだけに、目をそむけたくなることもあります。私も、できるなら知らずにおきたい、という思いが強くあったように感じます。

ＳＶと出会ってから、私はいくつかの事例を再度ふり返りました。すると、たしかに、主訴の背景に性虐待の疑いが示唆される事例が再発見されました。しかし、当時は、私自身の性虐待に対する偏見と無知のために、適切な援助ができていたとは言いがたく、とても悔やまれ、その事実に直面する勇気はなかなかもてませんでした。そのような自分自身の経験から、援助者がもつ偏見に目をむけ、適切な知識を得ることの重要性を強く感じました。

性虐待の予防に関する知識には、日常生活にまつわるほんのささいなことである場合が多いと私は思います。多くの事例と出会う過程で、私は面接場面でかならず寝室の形態やお風呂などの生活習慣について聞くようになりました。このような意識改革から、性虐待を予防する可能性が生まれるのではないか、と私は思います。

学校は、虐待が発見される機会がいちばん多い現場だと思います。学校という場所は、同年齢の児童・生徒が集まる場所であり、児童・生徒が多くの時間を過ごす場所です。そんな現場だからこそ、児童・生徒のサインが明らかになりやすいのではないでしょうか。学校は、児童・生徒たちが最初にサインを出す、まさに最前線の現場だと思います。そこへ専門的な援助者として配置されているスクールカウンセラーこそが、性虐待の未然防止に関する可能性を持っているのでしょう。

次ぎに、性虐待の未然防止を可能にするために必要と考える三点について考えたいと思います。

## 1. 性虐待にまつわる偏見をなくす

性虐待の未然防止のためにまず必要なことは、児童・生徒のまわりにいる大人たちが、性虐待について偏見をもっていることを自覚することです。私自身がそうであったように、知らず知らずのうちに偏見をもつことはだれにでもあることです。

「性虐待」という言葉は、非常にショッキングなものであり、一般人には受け入れがたいものです。虐待というと、ネグレクトや暴力を思い浮かべる人が多いようです。よう子の場合（事例⑧）のように、年ごろの娘が父親といっしょに寝ているということを「性虐待」と結びつけて考える人はごく少数でしょう。逆に、どこまでを「性虐待」と捉えるのか、それを論じられる環境が整っているのであれば、それは偏見から一歩抜け出た段階と位置づけられるでしょう。

日本では何をもって性虐待とするのか、何が性虐待なのか、十分には言及されていないようです。

たとえば性虐待のなかに、過激に性的な情報をあたえること、不適切に身体的に接触すること、異性の親子が二人だけで同室で寝ること、二人で一緒にお風呂に入り裸体をみせることなども含まれるということは、あまり知られていません。後述しますが、欧米ではこれらの行為が虐待、もしくはその危険のある行為であると認知されています。

## 2. 日常の生活習慣を見直す

私たちは、早寝・早起き、身だしなみを整えることや、三食のご飯をしっかり食べることなどの大切さは、一般的な常識として理解しています。

しかし同じ生活のことでも、寝室やお風呂の家族内のルールについてはさほど意識されていないようです。子どもがある一定の年齢を過ぎた時点で、寝室やお風呂を両親や異性のきょうだいと別けること、少なくともそのことについて良く考えてみることは、とても重要なことです（日本では、家族一緒にお風呂に入ることや、家族全員が「川の字」で眠ることが、生活に根ざした文化であると考えられている側面もあります）。

親が性に対して開放的であり過ぎると、子どもの成長にマイナスの影響を及ぼすとされています。このことは一般的には知られていません。

精神分析学においては、「子どもは三歳になるころには、性差に気づきはじめ、性への関心が増す」とされ、「親とのかかわりのなかから、性が大っぴらに話すことではないというタブーを学びます。このことは社会的態度を身につけるうえで大変重要です。性に関して不必要に開放的な環境に身をおく子どもは、後の社会生活に支障が出る危険があります。

生活習慣は、それぞれの家庭の方針に任されています。子どもの生活環境を整えることについて、「なんとなく」であるとか、「自然にまかせて」おくのではなく、子どもの発達段階に合わせて、異性の親や異性の兄弟と物理的に適切な距離をおくこと、つまり、生活環境を発達段階に合わせて整えることについて、もう少し明らかで具体的な指標が必要になってくるでしょう。このことを啓発していくのは援助者側の責務です。

アメリカの性虐待に関する条例を読むと、十八歳以下の児童・生徒に性的な情報を与えること、裸を見せることなども性虐待である旨が書かれています。

たとえば、誰かが性虐待に関すると通告をすると法的に介入されますが、日本では子どもを守る人権条約が社会に浸透していないため、法的な介入には多くの時間を必要とされます。特に、家庭の方針で行う性教育に対して学校関係者が介入するのはまず不可能であるため、今後改善されるべき課題と言えるでしょう。

　本章の事例に鑑みても、援助者は「性虐待」は実際に起こりうるという現実と直面し、住環境と生活の状況、異性の親と子どもの関係に対して敏感であらねばならないと痛感します。

### 3．研修を整備する

　前述のように、私はよう子の事例（事例⑧）でＳＶからの指摘を受けるまで、性虐待について学んだことはありませんでした。虐待に関する研修会に参加したこともありましたが、性虐待については実際に起こった事例への事後対応に関するもので、未然防止については指摘されなかったように記憶しています。

　性虐待を受けている子どもの発するサインに、成績の急激な低下、怠惰やだらしなさ、無気力、重い整理痛、夜尿、性的そぶり、歩きかたや姿勢の異常などが含まれることを周知させる必要があります。

　また日本では、児童福祉司の数が欧米に比べて圧倒的に少なく、東京とほぼ同じ人口一、〇〇〇万人規模であるロサンゼルス郡でみると、ロサンゼルス郡では二、五〇〇人のソーシャルワーカーが虐待に対応しているのに対し、東京の児童福祉司の数は一〇〇名弱です。虐待のメカニズムを理解した専門家を育成するためにも、研修の必要性が挙げられます。

　未然防止を可能にするには、児童・生徒をとり巻く大人が正しい知識を得ることが急務です。また、知識を得て意識が向上しても、実際の現実場面で性虐待の事例に適切に迅速に対応することは、容易ではありません。児童虐待防止法には、子どもの性虐待について定義され、疑いを持った時点で通告する義務があることが記されていますが、社会的に浸透しているとは言いがたい現状にあります。

　子どもたちに危害が及ぶとわかった時点ですぐに対応できるよう、いつでも行動にうつせる体制を整えるためにも、定期的な研修の場が必要であると言えるでしょう。

## あとがき

　この本のお話を聞いたときに、とてもすばらしい本だと思いました。しかし、自分自身が事例について書くことはとてもためらいました。性虐待という言葉に、私はいまだにためらう気持ちがあります。

性虐待にどのように対応していくべきなのか。学校臨床にかかわる者として、自らの経験から学び、今後も自問自答していくことになると思います。

児童がその少ない経験のなかで、最初から性に関してよく知っていることなどあり得ません。性的規範を教えるのは、親であり周りにいる大人の役目です。

子どもたちの健やかな成長を願ってやみません。

# 第2章　特別支援学級の経験から

M．K．（小学校教諭）

## 筆者が所属する機関の概要

私が勤務する言語障害通級指導学級は、通称「ことばの教室」と呼ばれ、公立小学校のなかにある障害児学級の一つです。市内のすべての小学校から、言語に課題をもつ子どもが個々の必要性に応じて指導を受けに通ってくる通級制の学級（子どもは普段は在籍している学校で授業を受け、決まった時間のみ通って来て指導を受けるタイプの学級）です。私は、この学級の担当者として指導を行うとともに、校内の教育相談担当として校内の約五百名の児童のなかで特別な配慮が必要な子どもたちについての教育相談活動を担当しています。

文科省が平成二〇〇三年三月に「今後の特別支援教育の在り方について」（最終報告）を示しました。それによると、特別な場所において行う〈特殊教育〉は今後、個々の教育的ニーズに応じて教育的支援を行う〈特別支援教育〉への転換を図ることが示されました。それを受けて、学校教育法の一部改正等の法整備も進み、二〇〇七年四月から特別支援教育をスタートしました。

筆者の勤務する学校でも、昨年度から校内に新たに特別支援部を設置し、その運営にあたる特別支援教育コーディネーターを指名しました。特別支援部は、以前は生活指導部が担当していた教育相談を引き継ぎ、さらに通常学級にいる軽度発達障害児の一人ひとりの教育的ニーズに対応します。学級担任が「気になる子」として、教育相談に挙げた児童は、昨年度は約一二〇名いました。友達とのトラブル、学習の遅れ、登校渋り、体調不良、元気がない、落ち着かない、集団行動がとれない、反抗的態度、家庭環境など、日ごろの児童の様子を毎日見ているからこそ気づくさまざまな心配が学級担任から出され、対応について話し合い支援を進めてきました。

「ことばの教室」では、通常週一回から二回、六〇分から九〇分の指導を行っています。個別指導が中心ですが、必要に応じて小集団指導も積極的に取り入れています。通級指導学級は、言語障害、難聴、情緒障害、弱視、肢体不自由などの子どもを援助します。言語障害通級指導学級は全国では約一、三〇〇校、東京都では約七〇校に設置されています。

言語障害児学級という看板を掲げてはいますが、障害と診断されている子どもはごくわずかで、知的な遅れはなく、通常学級に適応しながらも、何らかの個別の援助を必要とする子どもが大多数を占めています。発音、吃音、言語発達の遅れについての相談が主ですが、近年、LD、AD／HDやPDD等、いわゆる軽度発達障害といわれる障害の傾向を示す子どもも増えてきています。もっとも言語障害学級では、他の障害の子どもとは異なり、対人場面で他児に迷惑をかけることは少なく学級担任が指導上困っていることはまれで、困ったり心配したりしているのは、むしろ本人や家族です。

また、「ことばの教室」に来所する子どもの障害の原因は、気質的なものに限りません。家庭環境や生育歴からくる心理的要因が、言語発達の遅れや、コミュニケーションの苦手さとして現れるケースも多々見受けられます。不登校傾向や緘黙傾向の子どもも来室し、言語治療プログラムだけではなく心理療法からのアプローチを試みることもあります。

## 子どもの性虐待についての経験のあらまし

筆者はこれまで、性虐待についての指導・援助の経験はありません。保護者から子どもに対するしつけの範囲を超えた虐待行為については、通級児や校内児童に教育相談担当として対応した経験はありますが、性虐待の確証のある事例はありません。今回挙げる事例でも、性虐待の事実を直接ことばとして児童や保護者から聞いたわけではないため、確信はありません。しかし、児童の行動や家族の生活状況、予後の悪さからは、性虐待を疑わざるを得ない点が多く、少なくともこの状況が継続されると性虐待は避け難かったと思われ、その意味では、ことばの教室でのかかわりが未然防止に繋がったと確信しています。それでは、事例の概要を時系列で述べます。

## 事例⑨
## A子（小学六年生）

### A子との出会い

A子に初めて会った時、「枯れ木」を見ているような印象を筆者はもちました。樹皮を思わせる堅く厚い皮膚の感じと、濃い皮膚の色。細く、骨ばった、硬く乾いた感じの身体。暗さ。学級担任に連れられてやや緊張気味に来級し、指導室に案内する際、A子に他の子どもとは異なる雰囲気を筆者は感じました。A子は周りの世界から隔絶されたように、ぎこちなくまっすぐ背を伸ばした姿勢で座りました。頭髪が一部丸く抜けており、おしゃれには気を配っているようでしたが、表情や服装の色からはやや暗い印象を受けました。背は高い方で痩身。動きはぎこちなく、つま先でひょこひょこ進む、不安定な歩き方をしていました。素直で誠実に応対ができ、自分からもよく話し、笑いが混じりながら話すこともあります。けれども表情の固さは消えません。敬語を使い、担当者が気さくに話しかけても、相手と距離を置く話し方はくずれませんでした。

担当者が質問したことに対して、しっかりと説明することはできますが、やや詳細に話しすぎる感がありました。難しいことばを使いますが、微妙に本来の意味との間にずれがあり、独特な感じがしました。また、会話の最中に空気を飲みこむような、吃音症状に似た、呼吸調整の不具合が見られました。

当学級では入級相談は通常二人でチームを組み保護者担当と児童担当に分かれて面接を行いますが、A子の場合は、緊急に対応する必要があったため、筆者が一人で母子を担当し、学級の入級相談ケース会議と教育委員会の判定会議を経て即入級となりました。正式な入級は、A子が六年生の六月の時点です。

入級相談時の検査、面接では、知的発達は年齢相応以上で、言語発達にも問題は見られませんでした。けれども、「ことばのテスト絵本」という幼児から使用できる言葉の発達検査の、「空を飛ぶもの」「腰掛けるときに使うもの」「時間を見るもの」という問いに、数個の絵からあてはまる絵を選択する課題では、時間を見るものとして「時計」ではなく「猫」を選択しようとし、「あ、猫の目が時計を見ているように見えて間違えました」と、通常小学生では間違うはずのない誤答が見られました。また、ある場面の絵からどんな状況か説明する課題では、状況が起こっている簡単な因果関係が的確に把握できず微妙にずれるという、状況認知の苦手さが見られました。知的能力は高いにもかかわらず、これらの結果が見られたことや、どこか奇異で不思議な雰囲気がありました。これが環境などによる心理的要因からきているのか、A子自身の軽度発達障害などの気質的要因なのかは、この時点では分かりませんでした。

前思春期に当たる小学校高学年になると、大人への反発心や背伸びをしたい気持ちから、A子のように妙に大人びた社交辞令的な丁寧な応対をしたり、大人との距離をとったり、反抗的な態度をとったりすることもあります。A子が、いつから今のようなコミュニケーション態度なのか、生育の過程で大きく変化した時期があるのか等の情報がなく、この時点では判断がつきませんでした。

その後のA子との指導のなかでのやりとりや日常の様子、母親からの生育の様子などの情報から総合的に判断することとしました。

## 当学級の相談に到る経過

A子は一、二年生時、原因不明の腹痛で頻繁に保健室に行っていました。三、四年生時には、友人関係の相談で、友達と一緒に数回スクールカウンセラーのいる教育相談室を訪れています。四年生になって眉の抜毛が始まり、2学期には眉毛がほとんどない状態でした。母親は、A子が小学校に入学したころ、心療内科を受診しましたが、治療は継続されませんでした。四年生のとき、母親は同胞の夜泣きと夜尿、A子とのコミュニケーション不全を主訴としてスクールカウンセラーに相談しましたが、このときも相談は継続されませんでした。四年生半ばから髪の毛の抜毛も始まり、五年生になるとそれがひどくなりました。円形に脱毛して目立ってきたため、学級担任が母親にスクールカウンセリングを勧めました（このとき掛かったスクールカウンセラーは最初から数えて三人目です）。スクールカウンセラーは、医療機関への受診を勧めましたが母親は以前にも病院に通院したけれども効果が感じられず、治療も合わなかったという理由で医療機関へ掛かることには否定的でした。そこでA子への継続的で安定した援助が必要と判断し、当学級への相談を勧めました。従来の言語障害とは異なっていましたが、緊急性が感じられたため、母親の主訴である「言葉が通じない」というコミュニケーションの問題として指導対象としました。指導は六年生の六月から開始され、週一回、六〇分から九〇分でした。

## 母親の訴え

学級担任とスクールカウンセラーに勧められて、当学級に来室した母親は、長身で痩せ型、髪は長く真っ直ぐ下ろしていました。服装は華美ではありませんが、Tシャツにパンツ姿でモノトーンのおしゃれな感じでした。ネックレスやブレスレッド等の貴金属を身にまとい、二〇代半ばに見えました。黒いサングラスを取ると、面長で整った顔立ちが現れました。A子の地味な雰囲気とは異なり、顔立ちもあまり似ていませんでした。表情が固く、話しながら常に眉間にしわを寄せていました。礼儀正しく、きちんとしていて丁寧な言葉遣いで担任に応対しますが、どこか余裕がなく、感情が上滑りしているようで、無機質な印象を受けました。いかにA子が異常でA子の子育てが大変かということを、時折涙ぐみながら切々と訴えました。

四年生時にスクールカウンセラーに相談したときも当教室を勧められ、しかし生活に余裕がなくそのままになっていたということでした。母親の主訴は、小さいころからA子の理解が悪く、ことばが通じないためにコミュニケーションがうまくいかず、イライラするというものでした。A子を育てる大変さは自分にしか分からない。今までずっと母親の子育ての仕方が悪いせいだと言われてきたので辛い。A子のために自分がイライラしているので家庭のことがすべてうまくいかない。同胞も小さいころはずっといい子だったのに年齢が上がるにつれヒステリックになってきて、学校に行きたくないといい始めている。母親自身も大病を患ってしまい、今もずっと体調が悪いということでした。母親の切迫した状況は強く伝わってきましたが、A子とのやりとりでそれほどまでにことばが通じないということは考え難く、実感をもって聞くことができませんでした。

母親が述べたA子の問題点は〈親に叱られても、その意味を理解していない〉〈絶対にやってはいけないことと軽く叱られたことの違いが分からない〉〈トラブルについて根掘り葉掘り聞くと、話が次々と変わっていく〉ことなどでした。当学級に繋がるきっかけとなった抜毛等については、母親のことばを借りると

「友達から眉が太いと言われたことがきっかけで四年生のころから始まった。眉が無くなるほど抜いてしまい、何度注意しても止められない。抜くときのプチッとする感じがいいのだと思う。今は髪の毛を抜いている。皮膚科に通院し、心理的な面でも指導してくれているがきっと効果はないだろう。お菓子を隠れて食べる癖があり、夜中にこそこそと部屋で食べていて、見つかることが分かっているのに何度も繰り返す。いずれ過食になるのではと思う。悪いことをしたときにその場しのぎの嘘をつく。約束が守れない。だらしない。怒っても怒っても効果がない。A子にできることを伸ばそうと、バレエやピアノ、塾などやりたいという習い事をさせてきたが、どれも約束事が守れないために止めさせた。もう手に負えない。変に母親に気を遣ったり、変な敬語を使ったり、人に隠れてこそこそしたりするところが気に入らない」とのことでした。

A子の抜毛を心配しているというよりは、いかにA子がだらしなく無頓着で、変わっているかということを訴えているように聞こえました。言語障害学級ということで、普通の親であれば自分の子どもが障害をかかえていることへの抵抗を少なからず感じるはずですが、そんなことを考える余裕はなく、ぎりぎりのところまで追い詰められているようでした。母親にはこうあらねばならないという基準があり、思いどおりにいかないときにA子に罰を与えていたようです。習い事を止めさせた理由は学校から帰宅する時間の約束を守れなかったこと等であり、一般的にはそれほど叱られなくても済むような内容でした。また、母親は自分自身にもあるべき姿を課し、思ったように形が整わないことが繰り返される過程で母親自身もストレスを身体で受け止めていることが痛々しく感じられました。けれども、何についてもがき苦しみ戦っているのか、筆者には実感をもって感じることができませんでした。母親の意図が何か他にあるようにも思えました。

母親にA子の状況把握の苦手さが検査結果にも見られることを報告すると、共感し、初めてA子の問題を分かってもらえたと喜びを表わしました。A子を外に置き、筆者が母親と同じ側に立つことを望んでいるような、筆者に沿ってくるような感じをもちました。

## A子の訴え

筆者は、A子の抜毛の悪化と家庭環境への援助の必要性から個別の援助が必要であると判断し、緊急避難的に何とかことばの問題に結びつけて当学級に繋げようとしました。A子自身は、なぜ自分が言語障害学級に来るのかよく分かってはいないはずでした。

けれどもA子は、筆者の問いに合わせて答えることが当たり前のように、母親がA子に日常的に言っていることを繰り返すように話しました。「発表が苦手で、訳のわからない言葉を使ったり、意味が違うけど似た言葉を使ったり。発音が変になっていたり、直そうとするけど直すのを忘れたり、怒られても普通の表情に戻ってしまったりすること」など、自分の駄目なところとして話しました。具体的に聞くと、例としていくつか挙げられましたが、母親の主訴と同じく、重篤なものではなく、筆者にはしっくりときませんでした。抜毛には触れず、家族との関係についての悩みを訴え、ことばのことで困っているので、当学級に通いたいと気持ちを話しました。

生活のことを尋ねると、「私が悪いんですけど」と前置きをして、約束を守れないことで母親にいつも叱られていること、守ろうとするけど約束を忘れてしまって守れないこと、叱られているうちに何を叱られているか分からなくなってよけいに叱られること、叱られることがとても辛いと涙を滲ませながら訴えました。訳が分からないのに理不尽に叱られたりする場合には、母親に説明したり言い返したりしないのかと問い返すと、母親にはどうしても叱られたときに言い返せない、どうしても思ったことを言えないと話しました。その一方で、母親は本当はいい人で子どもと一緒にいることを大切にしているとも話しました。筆者は、A子からすれば、こんなに理不尽な扱いを受けているのに、何故母親を庇《かば》うような言葉が出てくるのか不思議に感じられました。と同時に、ことばが浮いていて実態と違っているようにも思えました。

A子の表情は固く、ていねいな言葉遣いで一見大人びていますが、高学年の女子独特の大人に対してあえて距離を置く感じや、反抗心あるいは媚びる感じはなく、素直に相手の期待に応じようとする様子は、むしろ情緒的な幼さと感じられました。笑っても本当には笑ってないような不自然さ、姿勢のよさ、必要以上に丁寧に〈ですます調〉で答えることばのやりとりが不思議な印象として残りました。

## A子の生育暦、家庭生活

A子は生まれたときから夜泣きがひどく、ミルクを飲んでもなかなか寝ない赤ちゃんでした。夜泣きは夜驚となり夜尿とともに小学校二年生まで続きました。

A子の夜驚が治まるのと入れ替わるように同胞の夜驚が始まり，母親はその間ずっと夜中に何度も起きる生活を続けていました。

父親は美容関係の会社員で不在がちでした。家庭生活に協力的ではなく，子どもにも興味がなく，パチンコ嗜癖があり，自分のしたいことを優先する子どものような大人であると母親は話しました。家にいれば子どもの遊び相手をしますが，しつけには無頓着で，考えなく子どもが欲しがる物を買い与えたり，A子のお菓子を制限しているのにパチンコの景品のお菓子を度々与えたりするということで，母親が日々A子のしつけに苦労しているのを台無しにするということでした。A子も，同胞は父親のお腹の上に乗っかったりしておもちゃのようにする等の遊び相手だと話しました。父親は，母親のA子に対するしつけについて，母親の考えすぎ，怒りすぎと考えていました。母親は，パートをしており，まじめで視線が強く，表情は硬い人でした。A子の子育ての負担から体調を崩したということでした。忙しい生活をしながらも，家のなかはきちんとしていて，A子への要求水準も高いようでした。A子が小学四年生のころから離婚を考えており，子どもを連れて出るつもりで夫の実家を出ましたが，なぜか夫（A子の父親）も着いて出たため，四人でアパートで暮らしていました。母親は次の転居先を考えており，A子を連れて出るかどうかを悩んでいました。

2LDKの一室は母親と妹の寝室。もう一室は父親とA子の寝室となっていました。A子の夜驚は治まっていましたが同胞の夜驚があり，同胞はアトピーの重い症状でも悩んでいました。A子と同胞は一緒に遊ぶことも多く三歳下の同胞のごっこ遊びにつきあってあげたりしていましたが，けんかが絶えず，母親がA子を叱るのと同じ口調で同胞もA子を見下したようなところがあり，腹が立つとA子は話しました。同胞の就寝時にA子がごそごそしているとけんかになり，アトピーの痒みとイライラで同胞が余計に寝られなくなるという理由で，A子と別室にしているということでした。母親は仕事で疲れ果てているので父親が帰宅するときはもうすでに寝室で休んでいて，A子が何をしているか知らないし，興味もないということでした。夜寝るときに髪の毛を抜いたり，禁止しているお菓子を食べたりするので，監視の目が必要という理由から父親と同室にしているとのことでした。A子の話では，父は夜中に父親の子どものころの話をしてくれるということでした。

母親の実家は飲食店を営んでおり、母親は兄との二人兄妹です。両親は仕事が忙しく子どものころからA子の母親が家事を行い、几帳面で厳しく怒りっぽい母親に厳しく育てられました。母親は勉強もスポーツもできるいい子として育ったということです。兄は仕事の関係で海外に住んでいました。母親は自分が育った家庭が理想的とはいえなかったため、自分はよい家庭を作ろうと願い、大家族の夫（A子の父親）の実家に嫁ぎました。母親なりに努力しましたが、夫の親族とうまくいかず、子育てについても方針が違い、夫とも気持ちがすれ違ったということでした。母親はA子が三歳前後になると突然A子と手を繋げられなくなり、A子を可愛いと思えない自分に罪悪感を感じました。

A子に〈変なの〉があったために人に預けることもできなかったとのことでしたが、〈変なの〉の具体的な内容は母親の説明からはよく分かりませんでした。大きい問題ではないものの、小さいときから母子関係がうまくいってなかったようです。また初回面接のなかで何度か〈A子の変なの〉ということばが出てきたため、その後の面接でその内容について尋ねると、そんな発言はしなかったという返事が返ってきて、違和感を感じさせました。

母親はA子の性格については、「ほわっとしている。悪くいうと無神経」ということでした。A子自身の悪気のなさや素直さを認めつつも、その行いが許せないということで、これ以上A子のためにお金も時間も使いたくないという気持ちになっていました。A子の話からは、A子が中学年のころに母親が離婚を考え始め、同胞は連れて出るが、A子には父親とともに残るように言われたため、A子はお母さんと一緒に行きたいと泣いて頼んだということでした。母親は、A子に対しては母親として愛してやりたいという気持ちはありつつも何かの理由でそれができないようでした。

年ごろの女の子と父親の同室はよくないという筆者の意見に、母親は「けれど父親とA子は仲がいいですから」と答えました。また、家族の不和はすべてA子が原因だと思っているようでした。A子も、母親には叩かれたりして厳しくしつけられてきたが、父親は優しいし面白いという主旨の発言をしていました。また、妹の髪の毛は母親が切るが、A子の髪には触ってくれないということで、A子の髪は父親が切っていました。

母親はA子の世話をすることにうんざりしていました。A子を抱きしめることや手を繋いであげることの重要性を伝えましたが、母親はきっぱりと拒否しました。母親は生理的にA子をうけつけられないようでした。また、母親と父親、母親とA子の不和が表面化すればするほど、A子と父親との仲が接近しているようでした。

## 学校でのA子の様子

他の子どもに迷惑をかけるタイプの子どもではないため、校内全体で行う生活指導全体会にA子の名前が挙がることはありませんでした。教育相談担当者とスクールカウンセラーとの打ち合わせでも、抜毛が顕著になるまではほとんど名前が挙がらず、担任も心配していなかったそうです。保健室の養護教諭は、一、二年のころは不定愁訴で来る子の一人としてA子を心にとめていましたが、会議でとりあげるほどではありませんでした。学習に大きな遅れがなく、行動面でも集団への不適応行動が大きくない場合は、学級担任がその都度対応をしており、教育相談部全体で取り組むことはまれです。A子の場合も、抜毛が見られるものの学級内で大きく逸脱した行動はなく、人に迷惑をかけることもなかったため、特別に配慮を要する児童ではありませんでした。

家庭内で離婚の話が出始め、母親が大病をした四年生時の担任は「いくら抜毛しないように注意しても効果がなかった。宿題をほとんどやってこず、学習が遅れていた。場に合わないことを言う。特定の友達がいない。正義感が強く、強く相手にいうことがある」など心配な様子に気づいていました。しかし、五年生時の担任は「離婚するかもしれないことや、母親のことなどを話すが、学習にもしっかり取り組み、特に問題はなかった」と述べています。

学校体制での援助の対象にはならなかったA子ですが、教育相談室に母親が相談に行き、スクールカウンセラーが学級担任とともに相談にあたった四年生、当学級へ通うようになった六年生時の担任は、A子への個別の声掛けを多くしたり、保護者への連絡を取ったりしました。A子の行動の変化にすぐに対応できるように気にかけ、きめ細かく対応しています。六年生時の担任は、当学級と連携を取り合う中で、A子の対人関係での課題や将来に向けての課題を感じ、個別の配慮の必要性を感じたということでした。A子は学級では、「挙手をして、理にかなったことを言える。ややや対人場面では引き気味。冷静。大人っぽい言葉を使う。女子の派閥には入らず、公平な子と一緒にいる。おしゃれに興味があり、大人っぽいファッションをしたがる」

ということでした。友達と二人で手作りのチョーカーをしてきて注意されたり、社会科見学のときに派手なミニスカートを履いてきて注意されたりしたことがありました。授業中、髪の毛を引っ張っていることがあり、話すときに口をパクパクして呼吸の調整がうまくできていない様子も見られました。

六年生になってからは、保健室にはあまり行かなくなりましたが、たまに行くと、同胞への不満や母親に叱られることなど、家のことを一気にしゃべりました。男子児童が音楽教諭に反抗的な態度を取ったときに、先生は悪くないと音楽教諭を庇って大泣きしたことがありました。

二学期に行われた学校の大きな行事である作品展の前日、教職員が会場に作品を展示していた際、A子の家庭科の作品だけが見当たりませんでした。A子の家に連絡をとったところ、A子は作りかけの作品を自宅にもって帰ったままミシンを出して欲しいということを母親に言い出せず、ずっと洋服タンスの隅に隠したままで、結局提出に間に合わなかったことがありました。ここには、問題をすぐに解決せず、先送りにするA子の傾向が感じられました。

# 言語障害学級でのかかわり

## A アセスメント

### 1．症状の意味

A子の症状は夜驚、夜尿から抜毛へと形を変えていきました。ありのままの自分を受け入れることができず自分を傷つけ、痛みの感覚を楽しむことによって自分の存在を確かめているように思われました。母親に自分を受け入れてもらえないことや両親の不仲、離婚の危機からくるストレス、不安、自己の存在の危機がA子を追い詰めていると思われました。母親の言うことに従順で、期待に応えようとし、同化したいと願う気持ちと、拒絶されることで湧いてくる母親への敵意が、自傷行為という形で自分自身に向かっていました。知的能力は平均以上で言語力もあり、ことばで表現する力もありますが、幼児期からの母親とのコミュニケーションのずれから、自分の気持ちを相手に伝わるようにうまく表現できませんでした。A子は、抜毛という形でことばにならない気持ちを表現していたのかもしれません。また、A子が抜毛を止めたいと思い、両親や医者から注意をうながされながらも、逆に症状を悪化させ、学校では髪型に注意を払いつつも家庭では隠そうとする様子があまり見られないのは、Ａ子なりの自己主張であるようにも思われます（抜毛によって学級担任が心配し、母親もスクールカウンセラーに相談し、医者にかかり、当学級にも繋がりました）。

ここで、Ａ子が自分の身体を傷つけても訴えたいのは、何か、Ａ子がことばにできない訴えは何かを考えてみる必要がありました。両親が離婚するときに、母親が自分を置いていってしまう可能性への不安、さらに、醜い姿を見せることで父親を寄せ付けないようにしている可能性も出てきました。

## 2. 父親との関係

Ａ子と父親は気が合うと母親は語っていますが、六年生の女児が父親と同室で寝ることに拒否感や嫌悪感、不安感を持たないでいられたでしょうか。母親が父親を拒否し、同胞の病気の看病を理由に同胞と二人で寝てしまった後、Ａ子は寝られず夜遅くまで起きていたと思われます。髪を抜く行為は、布団に入ってからどうしてもしてしまうとのことでしたが、何らかの緊張がＡ子を襲っていたことは十分に考えられます。Ａ子は父親を家族として繋ぎとめる役割も果たしていたのかも知れません。

## 3. 母親との関係

母親は、気分にむらがある厳しい母親に育てられ、何でもこなすよい子として育ちました。そのため、自分自身への要求水準もＡ子への要求水準も高く、他罰的であり、日常生活のさまざまな場面でストレスを感じやすい人だったようです。家族の世話をすることで生き抜きましたが、結婚を機に家から逃げて新しい理想の家族を築こうとしたものの、うまくいきませんでした。Ａ子を愛せないことに苦痛を感じ、すべての原因をＡ子に置くことで自分を保っていたようです。夫（Ａ子の父親）との関係は修復し難く、顔も合わせられない状態だったようです。夫にＡ子を監視させているというのは建前で、Ａ子に夫を押し付けていた感があります。

Ａ子とともに母親自身も心身ともに傷つき、救済が必要であると思われました。また、母親が語ったＡ子の〈変なの〉が何を指しているのか、行動観察や検査を通して、発達課題の実態と心理的課題を把握する必要がありました。

# B 指導目標

## 1．家庭での安全の保障

性虐待を受けている可能性・今後それが起こりうる可能性を踏まえ、母親にA子の発達段階から説明を行い、A子の安全を保障するように働きかけました。具体的には、娘と父親の寝室は別けること、A子が一人の安全な空間が持てるように家の間取りを工夫することです。一人の部屋を確保することが無理であれば、子ども部屋として二段ベッドを置く、父親が入室する時にノックをするなどの工夫を行い、父娘としての適切な距離を保つ必要があります。また、同胞関係の調整も必要です。

母親の今までの努力をねぎらい、母親としての罪悪感の解消と自信の回復も必要です。子ども二人をりっぱに成人させることができるよう、母親の訴えをきき、子育ての方法を話し合うべきです。

## 2．拠り所、居場所としての学級とすること

学級は、共感され安心して過ごせる時間を共有し、他者（担当者）との安定した信頼できる関係を体験できる場です。A子がありのままでいいことを感じ、攻撃されない、見捨てられない関係があることを体験することが必要です。また、子どもらしい伸び伸びとした表現ができるように援助するべきです。

母親に振り回されず、外との繋がりを求め、自ら外の助けを呼び込める能力を育てるべきです。

## 3．発達課題確かめと自己への振り返り

A子の行動観察や検査、指導を通して、A子の症状の意味や要因を確かめる必要があります。

軽度発達障害等の気質的な社会性の障害の傾向があるか、A子の全体像を把握し、発達課題を確かめ、心理的要因とのかかわりを考え、A子への対応の方法を探ります。A子に対しては、小集団指導も行い、相手の気持ちやその場の状況に合った行動や働きかけができる社会性を育て、人とのかかわりを楽しむ体験をさせます。また、中学校進学、将来の自立を考え、自分の得意なことや苦手なことを知り、対応を身につけることができるように自己への振り返りを指導します。

# C　指導経過

## 1．〔六年生前期〕　表現すること／共感すること／気持ちを伝えること

指導は、六年生前期、後期合わせて三九回行いました。指導開始当時は、担当者との関係を築き、A子が安心して過ごせること、素直な気持ちを表現できることを目標としました。担当者から課題を提示して行う時間と、A子に主導権をもたせて担当者は受容的にかかわる遊戯療法の時間を設定し、自分の考えや気持ちをことばや描画等で表現することから始めました。スクリブルでは、二つの対立する大きな波が描かれ、同胞との葛藤が表わされました。家族画では美しく仲のよい理想的な家族を描きました。家族に対する文章では、同胞に対しては不満を、父親に対してはふざけっこのような対等な、あるいは軽く見下げたような言葉がみられ、母親に対しての気持ちはことばにできずに、猫の泣き声でニャオと書きました。現実感がなく、本当に言いたいことは言えない傾向が見られました。素直に、担当者からの働きかけや質問に応じるA子は、防衛している様子はまったく感じられませんでしたが、本当に言いたいことは言えないのかも知れないと感じさせました。自分から抜毛のことを言ってくるのにも時間がかかりました。バウムテストでは幹は太いけれども、傷ついていて、枝のない木を描きました（A子が枝を広げて外部とのコミュニケーションができるようになることを願いました）。風景構成法では、狐が一匹で遠くから人里をみている寂しい印象の絵で、内的世界の寂しさが感じられました。描画にはパターンではなくしっかりとA子の心象風景が描かれ、心理的課題の大きさが見られました。

A子が描くキャラクターは、少女マンガにあるような、現実感のない美しい少女でしたが、胸を強調していたり、男性はズボンのチャック部分まで細かく描くなど、同じ六年生と比較すると性的なものへの意識がやや強く感じられました。また、普段の服装も色味は暗い感じで、情緒的には幼さが感じられるA子ですが、一方で非常に短いスカートをはいてきたり、学校にチョーカーをしてくるなど、同学年の女児と比べると大人びたおしゃれをしていました。

遊戯療法では、ゲームのようなルールの決まった遊びをするよりも、大きなボールに乗っかってゆらゆら揺らしながら話をしたり、オルガンを弾いたり、ダンスを踊ったりして楽しみました。A子が作詞した詩に担当者

と一緒に曲をつけて歌ったり、A子が即興で振り付けをして踊ったりしました。自分が表現することを家庭では否定されたり抑圧されたりすることが多く、エネルギーが余っていたA子は、表現することをとても楽しんでいるようでした。A子の作った詩は流行のポップスを真似たようなもので抽象的でことばが先行している実感のない印象でした。また、恥ずかしがらずに夢中で踊る様子は年齢よりもやや幼い印象でした。

ことばの問題については、母親とのコミュニケーションがうまくできないということ以外は、A子自身が実感している問題はありませんでした。過去に経験した具体的な場面を思い出して振り返ったり、ある場面を絵にした状況画について話し合ったり、連続画を用いて文章化したりしました。単純な状況画では社会的認知のおかしさは認められませんでしたが、日常生活のなかでは、場の空気が読めずにいました。たとえば、友達をかばって、他のクラスメートは言い返せないような強い男子に対して強い口調で抗議するような無謀な行動をすることがあり、その都度、相手の気持ちやその後に予測される状況について話し合いました。

何でも話すA子ですが、抜毛のことは自分からは話さず、担当者から尋ねるとその場しのぎのことを話しているように思われました。これが、心理的抑圧から大事なことや本当の気持ちを話せずにいるのか、生まれもった軽度発達障害のために社会的認知に課題があり、自分の気持ちに気づいたり表現したり、相手の気持ちを察したりすることが苦手なのか、担当者は確信がもてませんでした。ただ、A子には、今までのがんばりを褒め、励まし、家族の問題はA子のせいではないこと、A子の優しさやかしこさ、そのままでいいことを伝え続けました。また、抜毛についてはクリニックでの対応に則して話し合い、学級では知られたくないという気持ちを受けて、髪型の工夫をしたり、学級担任や仲のいい友達に助けを求めていいことなどを話し合ったりしました。

## 2.〔六年生後期〕関係の広がり・中学進学に向けて

六年生後期には、ことばの教室の学芸会への取り組みのための小集団指導を取り入れました。創作劇のストーリー作りに参加し、登場人物の台詞をA子が中心になって創作しました。また、A子がソロで踊る場面では担当者と話し合いながら自分で曲を選択し、ダンスの振り付けを創りあげました。劇を通してA子の自己表現への意欲が強く伝わってきました。小集団指導のなかで楽しい気分が盛り上がったときに、調子に乗って辛辣な言葉を発したりする行動が見られることもありましたが、いつも困っている友達に優しいことばをかけていました。

また、個別指導では、A子が描いた傷ついた枝も葉もない木のイメージを変化させることができるように、屋外で散歩しながら木を観察し、いろいろな木があること、枝を広げ葉を茂らせ、栄養を吸収していることを感じとって欲しいと願いました。日常生活のなかで辛い事や困っている事はたくさんあっても自分から話すことは少なく、具体的なことは語りませんでしたが、「家族ってなんだろうと思うと分からなくなる」と涙ぐむことがよくありました。具体的にどうすればいいか話し合おうとしても、大抵は、自分が頑張るからと強気で押し切ってしまいました。抜毛についても、通院が途切れがちで、通うと余計に意識して抜いてしまうと述べていました。頑張れば何とかなると言って通院を避けるため、根本的な解決には至りませんでした。自分が悪いという、罪悪感から自分が我慢すればいい、頑張ればいいという追い詰められた心境から少しでも解放されることを願い、安心してすごせる場所としての教室を提供しました。ことばの教室では楽しそうに過ごすA子でしたが、在籍学級では何とか友達関係は保っていましたが、思春期に入った女子同士の複雑な人間関係のなかでうまく立ち回れないA子は、少しずつ友達とのあいだにも溝ができ始めていました。

卒業時には、依然として両親が離婚の危機にあり、母親との関係に苦しみ、同胞との争いが絶えないという家庭崩壊の危機の状態にありました。そのため残念ながら、卒業後に不安を多く残す終了となりました。小学校生活や通級指導のなかで体験した、共感的な人との関係を生かし、たくましく乗り切って欲しいと願うしかありませんでした。A子の家族は、皆何らかの形での援助を必要としていました。他機関を紹介しようと働きかけましたが、気持ちのうえでも時間的にも経済的にも余裕がないということで、次の相談機関に繋がることを拒否しました。A子には中学のスクールカウンセラーに相談に行くことを勧め、スクールカウンセラーにも引継ぎをしました。母親と共に医療機関へ相談されることがよいと考えましたが、この段階では無理でした。

## D 考　察

### 1. 性虐待の可能性と指導の評価

A子の場合は、性虐待があったという確証はありませんが、もしも性虐待はなかったとしても、この状態を続けていたら性虐待に繋がるということは十分に予測でき、当学級がかかわることで防ぐことができたと確信しています。

父親と六年生の女児の寝室が同じであること、夫婦関係が壊れていること、母親とＡ子の関係が希薄であること、抜毛、父親との年齢相応の身体接触の感覚がずれていること、問題の解決を先延ばしにする行動傾向、嘘の多さ、実態とことばや描画による表現が一致しないこと、自己評価の低さ、怒りの抑圧、性的なものへの興味とアピール、笑っても怒っても実感の伴わないオーバーな感情の表わし方、ぎこちない歩き方などは、Ａ子のＳＯＳであったと思われます。Ａ子が少食にもかかわらず、過食になり太るのではないかと心配する母親にも、Ａ子が女性になることへの抵抗が感じられます。

もし仮に、これらの問題が軽度発達障害によるものだったとしても、症状を深刻化させ重篤な問題にしている要因が気質的な問題以外にあったと予想されます。問題の維持・拡大要因としては、母親との葛藤、父親との同室、夫婦の不和があり、これはまさに性虐待に繋がる状況と言えます。

Ａ子はずっと妹や母親と同室になりたいと母親に頼んでいましたが、拒否されていました。また、どんなに母親に叱られても母親から離れたくないと言い続けことなどを考えると、Ａ子の行動は性虐待への危惧によるものだったかもしれません。ＳＯＳを出しながらもまだ学校に通って来られていたのは、危機的状態にありながらもまだ寸前のところで留まっていたからだと思われます。恒常的に不安な状態にあり、それは、当学級を訪れ面接を継続した母親も同じだったのかもしれません。

では、緊急避難的に入級となった当学級が、Ａ子の救済と成長にどのような役割を果たしたのでしょうか。

学校はＡ子にとって安心して過ごせる大切な居場所でした。当学級は、Ａ子の話を聞き、状況を受け止め、共に悩み考える場所としてＡ子の心の拠り所になっていたと思われます。親とは違う大人とのやり取りをとおして、二者関係を築き直し、親とは違う大人がいること、親とは違うコミュニケーションがあることを学ぶ機会を得ました。また描画や詩、作文、漫画、ダンス発表会、楽しいやりとり、心の内を話すやりとりを通して、表現することを学びました。さらに母子共に、誰かに相談することを知ったと思われます。義務教育である公立小学校の学級でなければ、この家庭の状況からは相談には繋がらなかったでしょう。その意味でも、通級の意義は少なからずあったと思われます。

A子の家族は公立の中学校に進む直前に引越をし、父親とは別にA子と同胞のための子ども部屋が設けられました。その後、両親は離婚し、A子と同胞は母親がひきとり三人で暮らしています。中学校では、一年の半ばから胸が痛いと何度か保健室に行っていたそうです。卒業後、母親から相談の連絡があり、スクールカウンセラーとは繋がってないという現状から、中学の通級制の情緒障害学級を紹介しました。週に一回でも個別に話をしたり、母親が相談する場所が必要と思われたからです。その後、数回の万引きや、リストカットがありましたが、今はやや落ち着きを取り戻し、学校にも休まず通っているそうです。

## 2．性虐待の発見の難しさと未然防止の観点をもつことの重要性

性虐待の学校現場未然防止の観点をもつことは、なかなか難しいことです。私たち教員は毎日多くの子どもと接します。年齢も六歳から一二歳と六年の幅があり、その家庭環境も性格もさまざまです。学級のなかでは日々小さな事件が起こり、学級担任はその対応に追われます。学習の進度も教育課程に則ってこなし学力を身につけさせていかなければなりません。また生活上のしつけも学校に負うところが多くなってきています。

SOSの形態として、教室で他児に怪我を負わせる、キレて暴れる、授業中に着席できない、反抗的な態度を取る、登校渋り、成績が格段に劣っている、などのように問題がはっきりと外面化している場合は、周囲からも気づいてもらいやすく、対応されるチャンスに恵まれます。しかし、特に問題が見受けられない子どもや、クラス内でリーダーシップをとれる子どもなどは担任から信頼される分、逆にそのSOSを見逃される危険があります。

A子の場合も、担任から見れば問題のある子どもではありませんでしたが、夜尿や抜毛など、無意識のうちにSOSのサインは出していたと思われます。結局、抜眉で母親がスクールカウンセラーを尋ねたことがきっかけで当学級に繋がりましたが、これは幸運なケースと言えるでしょう。

教師としては、子どもからのサインを軽く考えている訳では決してありません。しかし、小学生を中学校へ無事送りとどけるのは大変なことであり、出来れば深刻な

問題など起きて欲しくないという思いは、どの教師も程度の差こそあれ、あると思います。子どもに少しの異変が見られても、そのうち自然に乗り越えられると信じたいですし、少し違和感を感じる行動もその子の性格として、おおらかに見たい、普通の範囲に留めたいという気持ちが自然と働きます。まして、性虐待のような重大な問題が浮上してきた場合、疑わしいと感じても、教師はそれを否定したい気持ちが強く働くことでしょう。確信がないと声を出すことは難しいですし、核心に触れることを当事者に聞くこともためらわれます。また、虐待者が親や近親者であった場合は、子どもの口から真相を聞くことは大変困難です。

自体が深刻化するのを防ぐには、現場の教師が性虐待の未然防止の観点をもつことが必須です。まず性虐待があるかもしれないという前提をもったうえで行動することです。A子の場合であれば、父親との距離を取れるように部屋のレイアウトを変える、母親が防波堤となるように生活の流れを変える、父親に他者の目が入っていることを暗に知らせるような対応をとることなどが有効です。毎日、直に子どもと接している教師は、子どものSOSをキャッチできるよう、つねにアンテナを広げておくべきでしょう。

## 3．通告の困難さと他機関との連携の必要性

児童福祉法や児童虐待防止法等によって、学校の教職員にも子どもの虐待の早期発見に努める義務が規定され、発見した者は速やかに通告する義務を負うようになりました。通告しても守秘義務違反の責任は問われません。しかし今のところ、学校現場では通告に対する強い抵抗感が払拭しきれていません。

次頁の表2・1は、子どもの虐待に関する通告の主な流れを示したものです。

性虐待に限らず虐待については、毎日子どもに接し子どもの生活の様子を把握している学級担任が最も子どものサインに気づきやすいと言えます。しかし、学級担任によっては責任感の強さから問題を一人で抱え込む者も少なくありません。

虐待については、医療や保健福祉の取り組みが先行し、学校現場での対応は時代から取り残されている感があります。関係機関の特性や対応の手段や結果を知り、新しいシステムを子どものために利用する柔軟性が不可欠です。

表2.1　子どもの虐待に関する通告の主な流れ

| 情報連絡の流れ | 内　容 |
|---|---|
| 学級担任<br>↓<br>同じ学年の担任・専科教員<br>↓<br>保健室の養護教諭・教育相談の教員<br>↓<br>情報収集や事実確認<br>↓<br>関係職員との意見交換<br>↓<br>管理職への報告・連絡・相談 | 校内体制が整っている学校では，校内における連絡が円滑に進み，早期対応がなされる場合も多い。しかし，他機関への通告となると躊躇することが多くなる。 |
| 親<br>↓<br>教　諭 | まず最初に親から話しがあり，子どもへの身体的虐待の確証があった場合でも，親は通告に同意しない場合が多い。親には許可を得ずに通告したことでその後の学校との関係が悪くなったり，親に通告の義務があることを伝えた上であっても後にしこりを残したりした例もある。 |
| 学　校<br>↓<br>児童相談所<br>↓<br>その後の連絡なし | 児童相談所に代表される関係諸機関についての理解も十分でなく，学校側が意を決して通告してもその後の連絡が全く無く，信頼性に疑いが持たれる例もあった。児童相談所では，ケース毎に緊急性を判断しているのかもしれないが，学校現場の判断と異なっている場合もあり連携がうまく言っているとは言い難い。 |

## 第Ⅰ部のまとめ

二〇〇四年、厚生労働省は児童虐待事件の増加に対して、児童相談所における児童福祉司の増員をうち出しました。この新しい配置基準によれば、児童福祉司の総数は全国で一、八六三人、児童相談所の数は一八〇ヵ所となります。

これに対して全国の小・中学校の数は約三五、〇〇〇校、学級数は三九一、〇〇〇万学級、教員数は約六六六、〇〇〇人です。子どもと毎日接し、問題が発生したときに直接家族と連絡・訪問することができる人材がこれほどいるのです。

さらに、約六五、〇〇〇の小・中学級には約七、〇〇〇人のスクールカウンセラー、約三三、〇〇〇の保健室には約三、〇〇〇人の養護教諭が配置されています。九九一ヵ所の適応指導教室には約三〇〇〇人の指導員、約二五三ヵ所の教育相談室には約二、〇〇〇人の相談員が配置されています。合計すると約七一四、〇〇〇人の人材が学校教育現場にいることになります。七一万四、〇〇〇人が子どもの性虐待の早期発見者になれるとしたら、これほど心強いことはないに違いありません。

家庭における子どもの性虐待は比較的長い準備期間があり、日常的に子どもに接することのできる教育現場の関係者の支援は非常に大きなものとなるはずです。ただし子どもの性虐待を発見するには、そのための目や耳をもっていないと気付くことはできませんし、佐藤氏もM・K氏も述べているように、子どもの性虐待は稀であるという誤解や、特別な人による特別な事件という偏見から脱することが求められます。まず学校教育が、早期発見の最前線の現場であるという認識をもつことが必要です。そして性虐待を未然に防止するために子どもからのSOSのサインに気付くことです。そのときこそ、多様な立場の関係者の多様な情報が活きてくるでしょう。

# 第Ⅱ部

# 介入

## ――児童相談所・児童養護施設・警察

# はじめに

現在、わが国では子どもに対する性虐待事件の件数は上昇の一途をたどっています。そこで第II部では、子どもの性虐待への行政的なとりくみの一端を、福祉と司法における事例をとおして検討してみたいと思います。

挙げられた事例は、福祉臨床の中心的な機関である児童相談所・児童養護施設、そして司法臨床の中心である警察署少年センターにおけるものです。

# 第3章　児童相談所からの報告

森　時尾・氏家和子（元児童相談所職員）

「児童の虐待防止に関する法律」（以下「虐待防止法」）が二〇〇〇年に制定されて以来、児童相談所に寄せられる虐待通報件数は年を経るごとに増加しています。さらに「虐待防止法」は二〇〇四年一〇月に改正され、改正法の第一条に「児童虐待が児童の人権を著しく侵害し、その心身の成長および人格の形成に重大な影響を与えるとともに、わが国の将来の世代の育成にも懸念を及ぼすことである」と明記されました。

児童相談所には関係機関からの通報の他に、地域の住民からも多くの虐待通報が寄せられるようになり、筆者らは「虐待防止法」の制定が児童虐待に対する国民の意識や関心を高めたことを児童相談所の窓口で実感しています。しかし、一方で児童虐待による死亡事故は後を立たず年々増加、二〇〇五年度厚生労働省が全国の児童相談所を通じ把握した児童虐待によると、五六名の児童の死亡が確認されています。

児童虐待に迅速に対応するため、ハード／ソフトの両面から環境が整備されつつありますが、まだまだ十分とはいえないのも事実なのです。児童虐待に対応するため、「子ども虐待対応の手引き」が作成され、また二〇〇〇年度には全国の児童相談所に児童虐待に対応する「児童虐待対応協力員」が配置されました。各都道府県では児童福祉司も増員されつつあります。しかし、子どもを取り巻く環境が大きく変化している今日、児童虐待、非行問題など児童相談所があつかう相談は増加し、複雑化しています。子どもの相談のすべてに適切に対応するためには、児童福祉司の大幅な増員が求められます。

筆者らが所属した児童相談所では、二〇〇〇年度の虐待相談件数は一〇八件でした。二〇〇四年度は二七三件となり、五年間に約二・六倍となっています。性虐待件数は多くはありませんが、毎年増加しています。もっとも、性虐待は他の虐待と異なり発見されにくいのが特徴で、児童相談所が扱う性虐待は、氷山の一角に過ぎません。

児童虐待は、従来児童相談所があつかってきた相談への対応とはかなり異なります。相談の意思がなくても、関係機関や近隣から寄せられた通報をもとに、児童相談所から子どもや家庭に働きかける介入型の子ども家庭福祉サービスといえます。

子どもの身体に痣や傷がある、着衣の汚れやお腹を空かせている、「お前なんか産まなければよかった」など、虐待や虐待の疑いが明らかな身体的虐待・ネグレクト・心理的虐待は、援助の方法や見守り体制など整備されつつあります。しかし、性虐待の援助方法や家庭調整については、いずれの児童相談所も暗中模索でやっているのが実際のところだと思われます。

どの種別の虐待であっても、虐待が子どもたちの心身に与える影響は大きく、なかには脳に変化を起こす者もあると言われています。特に性虐待を受けた子どもの心身の傷は深刻です。後にさまざまな問題（反応性愛着障害・行為障害等）を引き起こすことになります。そのため、回復の過程には大きな困難があり、その後の人生を支配しかねない魔力を持っていると筆者らは感じています。

児童相談所に他の相談で訪れた母親から、自身が過去に性虐待や性暴力を受けたと聞くことがあります。人それぞれに表現の違いは多少ありますが、不安や不眠、家出、放浪、種々の依存や自殺企図の繰り返しで、「生きにくい」日々を生きていると語られます。自らの責任ではない過去を引きずり生きてこられたことが伝わってきます。二〇年余、だれにも気づかれずに独りで耐えていたのです。たまたま、児童相談所で相談中に、忌まわしい過去の経験を語ることになり、辛さや苦しさが増してしまう方もいます。こうした場面では安易な慰めは意味をなさず、掛ける言葉が見つかりません。

最も愛してほしい親、またはそれに変わる大人からの性的な暴力のほとんどは、他の虐待とは異なり、子どもが告白しなければ、その事実は隠蔽されたままに終わってしまいます。たとえ発見されても、虐待者が否定し続ければ、多くの重荷を無力の子どもだけが引きとり、生き続けなければならないことが前出の母親たちの話からも明らかです。

ある母親が、長男に心理的虐待と身体的虐待を加えていたため、児童相談所で長男と次男を保護したことがありました。ところが母親と面接を重ねるなかで、母親の生い立ちが語られ、その方が小学四年生から中学三年生の半ばに家を出るときまで、実の父から性虐待を受けていたことが分かりました。家出後は喫煙、飲酒、不眠やパニック症状に襲われ、酒に溺れることもあったといいます。現在もときどき激しい不安に襲われ、一度うつ状態に陥ると抜け出すことができないようです。

長い間クリニックに通院しているものの、一向に改善されない自分の症状へのいら立ちから、相手を選ばず大声で怒鳴りつけてしまうこともあり、そうした自分をどうすることもできないと話していました。

また、別の母親の話では、「父からずっと性虐待を受けてきた。父は体が大きくカッとなると何をするかわからない人だったので、家族は父に気を遣って腫れ物に触るようにして生活していた。病弱な母と妹も父に逆らうことなど考えられず、妹に被害がおよばぬように自分が耐えるしかないと思っていた。母は、父の行為を知っていたと思うが、そのことを母と話したことは一度もありません」と語っていました。

こうしたつらい経験を語ってくださった母親・女性たちの気持ちを無駄にしたくはありません。そのためにも、この報告が性虐待の防止と被害を受けた子どもたちの援助に役立つことを願っています。

## 告知・発見から児童相談所への相談に至るまで

性虐待を受けている子どもたちがその事実を打ちあけることは、とても勇気のいることであり、打ちあけるまでにかなりの期間があります。表3・1のように、なかには三歳から高校一年までの一二年間余りの期間、打ちあけられず性虐待が続いていたケースも見られます。その間、毎日毎日辛い地獄の生活を送っていたかと思うと、なぜもっと早く周りの大人が気がついてあげられなかったか悔やまれます。本来ならば、困難な事態に遭遇したときにＳＯＳを出す相手はまず家族であり、友人であるはずです。ところが性虐待においては、家族にも友人にも絶対に言えない状態に置かれてしまいます。

二〇〇三年度東京都児童相談所全体で性虐待を受けた子ども六六人の内容をみますと、「子ども自身がだれに打ちあけたか」では、表3・2にあるように、約三分の一が〈学校〉において、担任、養護教諭、スクールカウンセラーに話しています。性虐待事例への援助方法に関する研究会が実施した、二〇〇一年度に受理した性虐待についての全国八自治体に対するアンケート調査の結果でも、子ども自身が相談した相手として「学校の教職員」が約三分の一を占めています。東京都児童相談所全体の学校教師以外の相談相手としては、教育相談室のカウンセラー、児童館の職員、母子自立支援施設の職員、保育園の保育士、養護施設の職員が九人となっており、学校の教職員を加えると半数近くの子どもたちが所属する集団のなかで打ちあけているといえます。

次に多いのが近隣・知人です。家族（母、祖母、同胞）へ話したのは八人であり、母は少なくなっています。他人に打ちあける前に母に話したという子どもは何人かいますが、母親に嫌われることを恐れ、うそでしたといわざるを得なくなったケースもあります。また父母両方から「おまえが挑発した」といわれたケース、逆に「おまえが悪い」と言われた子どもがしばしば見られます。

子どもにとって、性虐待に加え、本来かばってくれるはずの母からも、無視されたり、拒否されるという、二重の虐待にさらされる状況は悲劇的です。人生で一番信頼し愛情を受けるべき人から庇《かば》われず裏切られ、さらに家族からも見放されることになり、生きていくうえでの根本的な核となる信頼感、安全感、安心感等を喪失させることになります。

子ども自身、「母の内夫との性関係を拒否すると、内夫が不機嫌になり家のなかが暗く険悪な状態になるので断れなかった」「養父には経済的な面も含めて母子がかなり世話になっているので、性虐待を明らかにすると生活が立ちゆかなくなり、母にも悪いからと言い出せなかった」と語る子どももいます。

また、実父からの身体的暴力を訴えて自ら児童相談所に駆け込んできた子どもがいました。その後の施設の生活でさまざまな症状が現れ、その症状からは過去に性虐待を受けたことが濃厚に疑われたのですが、その子は最後まで語らないままでした。

前述のように虐待相談でかかわった母親との面接を重ねていくと、親自身から過去の性虐待が語られることがあります。そういうことからも、特に性虐待を打ちあけることがいかに難しいことかがわかります。高学年にな

表 3.1 虐待を受けた期間の例

| | |
|---|---|
| 保育園児〜不明 | 小学 6 年から高校 2 年 |
| 3 歳から高校 1 年 | 小学 6 年から中学 1 年 |
| 3 歳から 5 歳 | 小学校から中学 3 年 |
| 小学 3 年から中学 1 年 | 小学 6 年から中学 3 年 |
| 小学 3 年から高校 1 年 | 中学 1 年から高校 2 年 |
| 小学 4 年から小学 6 年 | 中学 1 年から 1 年間 |
| 小学 4 年から中学 1 年 | 中学 2 年の半年 |
| 小学 4 年から中学 2 年 | 中学 3 年後半から高校 1 年 |
| 小学 5 年から中学 1 年 | 数日間 |
| 小学 5 年から小学 6 年 | |

表 3.2 相談の経路

| 経 路 | 人 数 |
|---|---|
| 本人 | 3 |
| 家族 | 4 |
| 親族 | 4 |
| 近隣知人 | 8 |
| 学校 | 20 |
| 子ども家庭支援 | 5 |
| 区・市 | 4 |
| 養護施設 | 4 |
| 警察 | 3 |
| 区の施設 | 1 |
| 法務局 | 1 |
| 弁護士 | 1 |
| 医療機関 | 2 |
| 保健所 | 2 |
| 福祉司 | 1 |
| その他 | 2 |
| 匿名 | 1 |
| **合計** | **66** |

ると本人自ら直接警察に駆け込んだり、児童相談所に相談に来るケースもありますが、そういう人はまだ少数でしょう。

性虐待を受けた子どもたちが児童相談所にかかわることになる経過を見ると、次の三つのタイプに分けられます。

**①自ら駆け込んでくる**
**②誰かに打ちあけ、打ちあけられた人から児童相談所に通告がある**
**③情緒障害など、他の相談を受けている内に発見される**

このなかでは②の「誰かに打ちあける」タイプが一番多くなっています。前述のように、子どもが打ちあける相手で一番多いのが、学校（先生やスクールカウンセラー、養護教諭）となっています。話を聞いた先生たちがしっかり受け止め、それをきちんと児童相談所に繋げてくださったということですが、ここで問題なのは、聞く人に「性虐待」に対する理解がないと、話しを受け流してしまったり、真剣に聞かなかったりしてしまうことになり、せっかく本人が打ちあけようとしても、打ちあける心を閉ざしてしまう点です。子どもは一度心を閉ざしてしまうと次はなかなか簡単には語らないものです。子どもが学校内で本当に信頼出来る、話してみようかなと思える先生に出会えるかは、とても重要です。

次に解説するのは、デーヴィッド・P・H・ジョーンズの『性虐待が疑われる子どものアセスメント』で解説されている、子どもから話をきく際の一連の流れです。ジョーンズは「性虐待を受けた疑いのある子どもの面接にはいくつかの段階が設定されるべきだ」として、次の五つの段階を提示しました。

**①子どもと信頼関係（ラポール）を結ぶ**
**②性虐待について、初めて質問する**
**③話を渋る子どもに対して、話しやすくするさまざまな方法を試みる**
**④より詳細な情報を収集する**
**⑤面接の終了**

このなかで⑤の面接の終了はあまり目立ちませんが、重要な事項です。子どもは、自分が面接を受け入れ、調査に協力したことに関して、それが正しい選択であったかを確認し、正しかったと言って欲しいためです。また、可能な範囲で、今後の方向について説明し、安心感を与えるという意味でも大切です。

処遇のところで事例を通して詳しく述べますが、たとえば虐待親ではない一方の親、児童相談所の職員、施設職員、学校の教師等は、「子どもはあくまでも被害者である」という認識に立ち、性的被害による心的外傷による問題行動「万引きなどの非行」「性的・性化行動など性の問題」「不眠や頻尿などの身体症状」「多動、落ちつきがない、摂食障害、自殺企図など情緒的問題」を理解するようにつとめることが大切です。児童養護施設、学校などで表面的に現れた症状にのみ対応するのではなく、子どもが安全で安心して生活出来るように、そして二度と性虐待、性的被害を受けないようにするための指導をすることが必要です。

### 1．自ら児童相談所や警察などに保護を求めてくるケース

子ども自ら児童相談所に保護を求めてくる場合、そのほとんどは中学生以上高学年になった子どもたちです。幼児、小学校低学年の場合は、子どもの言動や絵などから周りが気づき、通告してきます。

高学年で児童相談所に自ら来所した子どもの場合は、決意は固く、ほとんどは中卒、高卒まで（中途退学になる子もいますが）施設で生活し、多くの子どもが卒園後も自宅には帰らず自立していきます。なかには大学へ進学していた例もあります。しかし、児童自ら保護を求めてきても、その後、虐待者である親の手前、それまでの主張を覆して、児童相談所のかかわりを拒否してしまうような残念なケースも存在します。

### 2．情緒障害など他の相談のなかで発見したケース

性虐待の影響による症状はさまざまです。担任に訴えた子どもは、その前から保健室に何度も「腹痛」を訴えかけこんできたり、授業中に何かボーッとしている状態があったということです。不眠や、失禁などがある子どももいます。性虐待を示唆する兆候や身体症状、行動特徴については、八二頁の参考資料1を参照してください。

ある学校長から、「とにかく多動で落ち着きがなく、椅子に五分と座っていられない。教室で寝そべったり、勝手にでていったり、階段や窓から落ちようとしたり、大騒ぎをしたりとひどい状況である。今後どのように対

応したらよいか」と相談が入りました。一日のほとんどを校長室で校長や教頭が対応をしたり、補助教員が対応していました。

こういう相談は、児童相談所の相談種別でいえば「性格行動相談」になります。早速、担当の福祉司と筆者らが学校を訪問しました。校長が叔母を学校に呼んでおり、話し合うことになりました。筆者らが叔母や校長と話しているあいだ、担当の福祉司が子どもに対応、そのときの子どもの性的行動特徴から性虐待を確信し、すぐ叔母に一時保護を説得しました。叔母は帰宅後家庭内で相談し、反対する家族もいましたが、叔母の説得によって一時保護を承諾しました。

この校長は虐待に関する感度がとてもよく、以前から早い段階で発見し何度か通告してきてくれていたにもかかわらず、その子どもの行動特徴が性虐待によるものであると認識出来ませんでした。また、この福祉司でない者が担当していたら未だに性虐待としての対応が出来なかったかもしれません。

性虐待を早期発見、早期対応をするには、関係者が性虐待に関する理解を深め、アンテナの感度を良くすることに尽きます。そして、子ども一人一人に丁寧にかかわり、声かけし、暖かく見守っているということを子どもに伝わるようにすることが大切です。それは、子どもが安心して話せる相手になることでもあります。

# 対　応（受理・調査・援助）

性虐待の相談・通告を受けた場合の受理から援助の流れは、次のようになります。ほかの虐待相談の流れとは多少異なります。

## 1．受　理

虐待相談・通告を受けた場合は、通告を受けた人が児童虐待通告受付票に記入し、緊急受理会議を開きます。会議では、緊急性の判断、初期対応、そして担当者を決めます。虐待ケースは複数の職員で対応することを原則にしています。組み合わせは原則的に、児童福祉司と虐待対策班の職員になりますが、実際の対応は児童福祉司と心理職員になることもあります。性虐待の相談では、男性職員をさける等の配慮が必要となります。筆者らが所属する児童相談所では、性虐待対応は基本的には女性職員が担当することにしています。ただし、虐待者である父親の面接や家庭訪問時など、男性職員のほうが適切な場面では必要に応じ、男性職員が応援として調査にはいります。

## 2．初期調査

担当者が決まったら、その担当者は、まず子どもが性虐待を打ち明けた人――家族、親族、学校教師、スクールカウンセラー、知人等――に、電話でより詳しい話を聞くことから始めます。そして、早期の訪問調査の日程（当日か翌日）を決めます。

## 3．関係機関・訪問調査

担当となった職員は関係機関に出向き、子どもが性虐待をうちあけた職員や教師と面談し、情報の収集を行います。これは他の虐待通報と同じですが、電話だけではなく訪問することで詳細な情報を得られることが多く、また関係機関の担当者だけではなく、その機関の長（学校なら校長・教頭）とも、子どもの問題を共有しておくことが大切です。子どもから性虐待を打ち明けられた職員には、今後子どもとどのようにかかわるか、また、後の援助の流れや児童相談所の役割について大筋を説明します。

表3・2にみられるように、通告機関で最も多いのは学校で、全体の三分の一を占めています。学校は、最近はプライバシー保護の観点から家庭訪問を実施しなかったり、生徒の個別調査書の記載事項を緊急連絡先など、最低限の内容にとどめたりしているところが多く、家庭の詳しい様子は把握できていません。ですから、子どもから性虐待を打ち明けられても、家族のだれにどのように連絡してよいか判断に迷うようです。また、性にかかわることはまだまだ秘め事という意識が一般的で、学校側の対応が慎重になる場合が多くみられます。学校には性虐待について説明をし、守秘義務より子どもの権利を守ることを優先することが大切であることを伝えます。

## 4．子どもとの面接

子どもとの面接は欠かせませんが、面接の時期や方法について通報者と綿密な打ち合わせを行ってから実施しなくてはなりません。特に初回面接は特別な配慮が必要です。

虐待ケースの面接や調査は複数の職員の対応を基本にしていますが、性虐待については子どもの年齢や状況によっては、子どもと職員の一対一で面接する場合もあります。初回面接は、基本的に担当児童福祉司が行いますが、ケースによっては児童心理士が一人で子どもと面接することもあります。

子どもは性虐待を打ち明けた後、打ち明けたことに対する後悔を始め、今後のことに強い不安をもつため、子どもへの負担を最小限に抑える配慮が必要となります。まず、子どもとの関係作りを行います。

子どもは不安な気持ちを膨らませ、打ち明けたことを撤回してしまうこともあります。そのため、児童相談所のかかわりを拒否して相談が中断することもあります。したがって、子どもの年齢や被害感にもよりますが、すでに打ち明けた内容を無理に聞くことはさけ、まず辛さを共有します。そして「あなたは悪くない、これから一緒に考える」ことを伝えます。

その後、面接を重ねて、家族関係やこれまでの生い立ちについて聞いていくことになります。面接のなかで、祖父母や伯父伯母等の存在がわかることもあります。子どもが生活の場所を祖父母の下に求めるケースもあります。いずれにしても、今後の生活の場所を含め、子どもの気持ちを確かめていきます。

しかし事態が緊急・深刻な場合には、子どもを安全な場所に移さねばなりません。こうしたときこそ子どもの意思を確認しながら、丁寧な対応が必要となります。

## 5．母親との面接

子どもが母親に性虐待を告白した場合、子どもの受け止め役になったことをねぎらい、また、母自身の困惑や不安を受け止めます。

その後に、性虐待を受けた子どもの苦しさや心の傷、性虐待が子どもに与える影響について、子どもが置かれた状態を放置できないこと、親の協力が欠かせないことを伝え、何よりも、子どもの安全を最優先しなくてはならないことを強調します。

しかし、母親の気持ちは複雑です。虐待者に対する怒りは当然ですが、母として子どもを守れなかったことに対する自責の念、と同時に「子どもはどうして応じたのか」と気持ちが整理できない状態になることがあります。はじめは子ども側に立っていても、あるときから立場を変え虐待者側になることもあります。それまでの話を覆し、子どもを攻撃することもあります。それだけ、母親にとっても性虐待は大きな衝撃です。母親自身が気持ちを整理できずにいる場合にも、慌てずに急いで、子どもの安全を確保するよう母親を説得しなければなりません。時間がかかれば、それだけ、性虐待が長く続くことになるのです。

虐待者ではないもう一方の親の姿勢は、後で子どもの処遇を検討（在宅か、施設入所か）するうえで大きな要素となります。

## 事例⑩ M子（中学三年生）――子ども自身が、家を出る選択をしたケース

M子が「実父から性虐待を受けている、助けて」と児童相談所に駆け込んできたのは中学三年生の一月のことだった。高校受験の目前であったため、調査を急ぐ必要があった。児童相談所より、地方に住むM子の祖母が急ぎ上京し、引き取りを申し出た。

M子の母は祖母の引き取り希望を知ると、すぐにM子と直接話をしたいと言ってきた。M子は、「父から受けてきたことを母は知っている」「父と同様に母も嫌いです」「母の前では小さくなってしまい、自分の気持ちが話せない」と述べ、母との面会の席に児童相談福祉司の立会いを求めた。児童福祉司が同席したなかで母子面会が行われた。母は、M子が児童相談所に逃げ込んだことをまず責めてから、家に戻ってきて欲しいといい、何でも欲しい物を買ってやるからなどの甘言で説得した。しかしM子は実家に帰らず、祖母と暮らすことを選んだ。

### 援助方針

前にも述べましたが、性虐待を受けた子どもは虐待者のいる家庭から分離することが原則と筆者らは考えています。家庭から離れた子どもの生活の場所として、児童福祉施設、里親宅、親族宅などいくつかの選択肢が考えられます。しかし、性虐待を受けた子どもが示す症状の特徴を考慮すると、それを理解し受け止めることが可能な場所や人材は多くはありません。

また、子どもを虐待者のいる家庭から保護して虐待を回避することができても、学校や友達と別れねばならないため、子どもにとっては二重の負担となります。

援助方針の決定は、性虐待の環境から避難させることを最優先としながら、子どもの負担を最小限とする選択をしなくてはなりません。子どもの身心の傷つきの程度や今後についての子どもの意向、虐待者以外のもう一方の親の希望を考慮に入れ、子どもにとって、安全・安心できる生活場所を決定します。

場合によっては子どもの意向に反する決定をしなければならないこともあります。そのようなときは、子ども

に充分に説明し理解を得るよう努めます。施設入所か在宅か、生活する場所は別にして、子どもが希望をもって新たな生活にスタートできるように、児童福祉司は最善を尽くします。

## 在宅による援助（児童福祉施設入所や里親委託以外）

性虐待を受けた子どもの援助方針を「在宅」と決定できるのは次にあげる四つの場合と考えられます。

① 虐待者が家を離れる
② 虐待親以外の親と子どもが家を離れる
③ 親族が子どもを引き取る
④ 虐待者が性虐待の事実を認め、反省し、再度同じ行為を繰り返さないと約束し、再発を防ぐ確実な方法が家族内で合意されていること

しかし、①～②のいずれの方法を選択しても、再発を防ぐ絶対の方法ではありません。一時的に子どもを親族に預けても、また、一方の親と生活を始めても、時間の経過とともに親子で虐待者のもとに戻ってしまうケースがまま見られます。このような場合は、子どもは虐待者以外のもう一方の親から「虐待者は、反省したから大丈夫」「あなたがしっかりしていれば」とか語りかけることが多いようです。子どもは「いやだ」と言えずに、自分も悪かったかなと、語りかけに呼応する形で、親子で虐待者のもとへ戻っていってしまうことがあります。

在宅指導としたケースでは、再発防止に向け、家族だけに任せるのではなく、児童相談所や学校など関係機関による息の長い援助と見守りが必要です。特に虐待者ではないもう一方の親への支援は重要です。その場合は児童福祉法二七条一項二号による児童福祉司指導とすることが適切です。指導に従わない場合には、都道府県知事から勧告ができることになっていますので、再発の防止に向け、このような法的措置の活用も視野に入れて対応します。

児童福祉相談所運営指針は、行政処分である児童福祉司指導（児童福祉法二七条一項第二号）について下記のように記しています。

「児童福祉司指導は複雑困難な家庭環境、親子関係に起因する問題を有する児童等、処遇に専門的知識、技術を有するケースに対して行われる児童相談所が有する法的措置である」

## 事例⑪
## Y子——祖母に打ち明けたケース

Y子は父からの性虐待を祖母に打ち明け，そのことはすぐに祖母から母えと伝えられた。母は離婚を決意し，Y子に「二人で生活していこう」と話した。しかしY子は「離婚をしないでほしい，父母は仲良くしてほしい」と訴えた。Y子は，家族内のバランスを維持するために母に代わって父の性的なパートナーになっていた。Y子が父と母の関係保持を望んだため，親子三人で話し合いを行った。三人は，共に生活を続け，家族としてやり直してみることになった。

児童相談所は，子どもの治療，父の治療，母の治療を条件に，Y子の在宅を認めることにした。性虐待が子どもに与えた被害を父母が十分に認識し，提示した条件を実効性あるものとするため，児童相談所は児童福祉司指導をかけ，定期的にY子の通所指導，父母へは別に親指導をかけ，面接などを実施し，学校へはY子の観察を依頼した。

### 児童福祉施設入所

性虐待の被害を受けた子どもが，安心し安全に生活でき，必要な治療を受けられることができる環境として児童福祉施設を選ぶことは少なくありません。東京都には情緒障害児施設がありません。施設といった場合は，いわゆる養護施設や児童自立支援施設になります。子どもの状態（心理・医学・行動診断など）を総合的に判断し，入所する施設の種別を決めます。非行が激しく行動化しているようなケースでは，児童自立支援施設入所が適切なケースもあります。前にも述べましたように，性虐待の影響はさまざまな症状となって表われますので，入所にあたっては，施設に事前に，ていねいな説明が必要です。

現在ほとんどの児童養護施設には，虐待の心理治療に当たるための心理職員が配置され，被虐待児への心理治療を行っています。必要な場合には，施設から児童相談所に定期的に通所し，児童相談所の心理職員が心理治療に当たる場合もあります。また，より濃密なかかわりが必要な場合には，性虐待の専門家（大学教授など）に指導を依頼することもあります。

専門的な治療に加えて，毎日生活する場面での対応は，とても重要になります。

児童養護施設では、子どもたちの部屋を個室化していこうという動きがありますが、一部の施設に限られています。個室で生活する一部の子どもたちを除くと、多くの子どもたちは同室で数人が生活することになります。被虐待児童の入所率が年々増加していますので、それぞれの子どもが抱える問題が相乗的に作用し、問題が複雑多様になっています。このような生活環境で、果たして性虐待を受けた子どもが、安心と安全を感じて生活できるのか、不安を感じます。

また、大都市圏はここ数年、被虐待児の入所で、どこの施設も定員一杯の状況にあります。一人ひとりの子どもにふさわしい施設が選べないのが現実です。

虐待を受けた子どもたちの保護システムの一環として児童福祉施設の整備は急務です。

### 援助・治療計画と再統合

他の虐待相談の援助目標は、家族再統合です。しかし性虐待は再統合を目標とはできません。このことを踏まえ、長期的な視野で援助計画を策定しなくてはなりません。在宅か児童福祉施設入所か、いずれの援助方法をとるにしても、担当児童福祉司は児童相談所の援助方針会議に援助計画書を添えて、援助方針を提案します。

児童相談所がそれまでに行った調査や心理診断・医学診断・行動診断や家族や親族の希望や意見、そして児童の意向をもとにアセスメントされた援助計画が提案されることになります。援助と治療の計画は、短期的課題・中期的課題・長期的課題を示すことになります。子どもたちは、性虐待以外の虐待を受けていることも多くありますので、その影響からの回復も図られるよう援助を行います。また、家族との通信や面会等ついては、慎重な判断に基づく交流の計画が必要です。

援助・治療は子どものみならず、親にも必要（二七条一項二　親指導）です。児童相談所の資源だけではなく医療機関や専門家と連携した治療が必要となることもあります。

性虐待に対応できる医療機関は、現在のところ多くはありません。専門医師をはじめとする専門職の養成は、時間的にもコスト的にも容易に解決できることではありません。児童虐待に対応できる関係機関の体制整備が急務です。

## 他機関との連携・サポート

性虐待に関しては、子どもの安全確保を第一に考え、虐待者あるいは虐待者のいる家庭から子どもを離すことを最優先します。次に状況をみながら、在宅での処遇、施設処遇へと移りますが、いずれの場合にもその後の援助の過程がとても重要になります。

子どもへの専門的ケアは、心理職員や精神科の医師が担うことになります。虐待を受けた子どもはさまざまな症状、問題行動を現すことが知られていますが、特に性虐待を受けた子どもの場合は、心の傷が深く重いだけにトラウマ（心的外傷）となり、直後から、あるいは思春期、大人になっても、問題行動や不適応行動、多彩な症状――食行動異常（過食・拒食）、不純異性交遊、援助交際、リストカット等の自殺企図――を出す場合が多くみられます。

施設入所した子どもたちは、施設から地元の学校に通います。なかには情緒障害児学級に通級している子もいますが、ほとんどの子どもは普通学級に通います。学校の教師や養護施設の職員が、まず性虐待の知識・理解を深めることが大切です。性虐待に関する理解・協力がないと、ますます子どもを追い込むことになり、問題をエスカレートさせてしまいます。「なぜ、今、この子がこういう問題行動を示しているのか」について、児童相談所の職員は根気よく説明をし、理解してもらうことが重要な役割になります。

養護施設の職員も厳しい状況におかれています。前述のように、入所する子どもたちのなかでの被虐待児の比率は年々増加しているにもかかわらず職員数は減っています。個別に十分に対応するゆとりがなく、さまざまな問題行動の出現の対応に苦慮しているのが現状です。この場合も、児童相談所の職員は、子どもへの面接、面会を通して子どもの安定を図ることは当然ですが、担当職員への性虐待の理解を深めてもらうこと、また、具体的な対応についての助言をすることも大切です。子どもが生活する寮の職員が、子どもが出す表面の行動に振り回されずギブアップしないよう、また園内で担当の職員をサポートする体制を作るよう助言が必要です。場合によっては、子どもを一時的に保護することも必要になります。

## 事例⑫　P子（中学二年生）――中学校から強制的に、子どもを一時保護したケース

中二の女子P子が同居の叔父より性虐待を受けていたケース。本人が担任に打ちあけ、性虐待が判明した。

すぐに担任から児童相談所に連絡があった。担任の話ではP子はすでに小学生時代に同居の祖母に打ちあけていたようであったが、祖母が軽く受け流したため、そのまま性虐待が続いていたようである。

児童相談所の職員が学校現場で子どもに会う場合は、通常親の了解がないと面接ができない。しかし、性虐待に関しては、子どもの権利を守るということを優先し、親の了解なしに子どもとの面接を行う。そのときは、学校側の協力を得られるかどうかが重要な点になる。

なかには、後で親から責められることを怖れ、拒否する学校もある。先に示した事例においては学校の協力の下、担当福祉司と心理職員が何度も学校に足を運び、子ども本人に話を聞き、「今の状態で家にいることは良くない」と根気よく説得し、一時保護ができるまでに約二カ月かかっている。また、学校現場から児童相談所が親の承諾なく強制的に保護した場合は、親の攻撃が学校に向けられることが多くみられる。それを怖れ、学校側が協力するのを逡巡するケースも多い。その際には、子どもにかかわっている機関は、「児童福祉法や虐待防止法で通告の義務がある」ことを強調し、理解してもらう。そして子どもを保護する判断は、あくまでも児童相談所が行ったことを親に伝えてもらう。そして親からの攻撃は児童相談所が引き受けることを約束して、学校側の協力を仰ぐ必要がある。

## 事例⑬　Q子——学校からの通報ケースで、児童相談所がまったくかかわりをもてなかったケース

もともと不登校があり、時どきふらっと学校に顔を出すという状態が続いていた子ども（Q子）が、たまたま登校してきたときに養護教諭に性虐待の話をしたことで、学校から児童相談所に通告があったケース。児童相談所がQ子にアプローチをしようとしたが、「本人に了解を取っていない」、アプローチをすることによって学校に来なくなってしまう」などの理由で、学校側が拒否したため、児童相談所はかかわることが出来なかった。Q子はその後、引きこもりになったとのことである。

関係機関と子どもとの関係を壊してしまう、児童相談所と関係機関の連携が切れてしまうなどの怖れから、積極的にかかわれないこともしばしばある。今後、時間をかけて相互理解を深める必要があると思われる。

## 事例⑭　R子――児童相談所、養護施設、病院との連携でもちこたえたケース

R子は実父からの性虐待を訴え、高校一年時に自ら児童相談所保護を求めて来所した。一時保護後、養護施設に入所し、入所後まもなくから摂食障害（神経性過食症――過食したのち、トイレで吐くことを繰り返す）が始まった。

次はR子の食事の記録の一部である（連日このような状態で、予算の厳しいなか、施設がよく耐えたと思います）。

○月二日――夕食、後夕食の残物全部、食パン五枚、大福三個

○月四日――夕食、ラーメン二杯、翌日のお米五合全部、ケーキ二個

○月五日――夕食カレーライス三杯、おにぎり三個、アイスクリーム三個

○月八日――夕食、天ぷら三皿、翌日の朝食のロールパン一〇個

R子は知的能力に優れ向学心もあり、絶対に大学まで進学したいという希望をもっていたため学校には真面目に登校し、成績もよかった。また、自力で進学するべきであるという自覚をもち、アルバイトに励み、貯金に励んだ。しかし、一方では虐待の傷はなかなか癒えず、摂食障害がひどくなり、R子自身が施設生活に耐えられなくなり自立したいと言い出した。

普通ならば、高校生年齢になって自分の力でやっていきたいという子どもには自立の方向でサポートを行い、自立援助ホームや住み込み就職等を勧めるところだが、当時学園の職員は虐待に深い理解があったため、R子に対して、「君の状態では、とても自立させられない」と言い渡した。児童相談所の担当者も「あなたの状態では自立は無理と思う。学園にいるか、今の状態を直すため入院するかどちらかしかない」と選択を迫った。そのときR子自身が「しばらく学校を休み、入院し、この状態を治したい」と決心した。入院中も

隠れてはトイレで吐くことがしばらく続いていたが、そのうち症状が改善され、六ヵ月で退院となった。その後、紆余曲折を経たものの、R子は高校を無事卒業し大学に進学した。

この事例の場合は施設職員が外部の性虐待の専門家に定期的にスーパーバイズを受けていたこともあり、係長はじめ職員の性虐待に対する理解が深く、どんなことがあっても見放さないという態度が一貫していたこと、また、子どもと担当福祉司との関係もよく、信頼できる人間関係ができたことが安定につながったと思われる。いずれの場合にも、いい人との出会いが大切だと言うこと、また、もっと性虐待に関する専門的なスーパーバイズが受けられる体制を整えていくことが求められる。

## 事例⑮
## S子（中学二年生）——関係機関が密に連携し、高校卒業が出来たケース

S子は父母が離婚したため、幼児のときから施設に入所していた。小学校卒業時に叔母に引き取られた。父は単身赴任しており、夏休みなどで帰宅した際にS子に性的な関係を強制するようになった。我慢できなくなったS子は、中学二年の夏休みに叔母にこのことを告白し、児童相談所に来所して一時保護後に養護施設に入所となった。最初の一年間は何の問題もなく生活をしていたかに見えたが、中学三年になると、喫煙、飲酒、異性交遊、援助交際等が発覚した。性虐待被害児としての傷の深さから、問題行動は入所当初から始まっていたようだった。発覚後は児童相談所の心理職員が養護施設を頻繁に訪問し、学園担当職員も休みの日などに本児と個別につきあうなどしたが、リストカットを頻繁にするようになり、精神科を受診した。通院服薬を続けていたが、中学三年の終わりごろに妊娠し、結局は妊娠中絶をした。

本来ならば養護施設でこのような問題が発生すると、他児へ及ぼす悪影響も考慮して、養護施設での処遇は限界となり、児童自立支援施設へ変更されることが多い。この場合は、S子が中学三年生で高校進学の希望が強くあったこと、児童相談所の心理士や児童福祉司が何回も訪問していたこと、学園の担当職員も園内の他の職員や園長に理解を求めたことなどがあり、施設での生活が続けられた。

しかし、そのうちS子自身がいろいろな問題行動を起こすたびに肩身が狭くなり、学園を出たいと言いだした。当時の精神状態から考えて、働きながら定時制の高校に通うことは困難だった。他の施設への変更をさせるしか方策はなかったが、前述のようなS子のさまざまな症状を説明すると、養護施設での処遇は困難だと、多くの施設から断られた。残された選択肢は、自立に向けて指導をする高齢児中心の養護施設しかなかった。ようやく入所先が決まったが、S子はこの施設でもさまざまな問題行動を起こした。本来であれば当然学園を出されるような行動を起こしながらも、施設職員の陰になり日向になる支援と担当福祉司の支えで持ちこたえた。そして、ぎりぎりのところで卒業にこぎつけた。S子は、人を信じることができず、貯金することに一生懸命で、安易に金銭が手に入る援助交際もかなりやっていたようである。高校を卒業すると同時に、男性とアパートを借りて自立した。

## 性虐待と児童相談所の課題

ここまで、性虐待に対する児童相談所の援助活動を中心にみてきました。改正された虐待防止法は、学校および児童福祉施設は児童および保護者に児童虐待防止のための教育または啓発に努めなければならないと明記しています。児童相談所で、性虐待を受けた子どもとの直接的かかわりを通して、性虐待に対する啓発の必要性を強く感じています。

〈性虐待の被害を受けない〉また、〈被害を受けてしまったらどうするか〉を子どもたちに教えなくてはなりません。また、性虐待を受けた子どもは、その後に性的被害を受けやすいと言われていますが、それは児童相談所のケースからも明らかです。性虐待について関係者の理解と、子どもに寄り添い適切なアドバイスを送るサポーターがいれば、子どもを性的被害から守ることがある程度可能となるのではないかと思うのです。当然、サポーターの養成も必要になります。

被害を受けた子どもたちが、安心して生活し、必要な援助と治療を受けることができるよう、関係機関にも働きかけが必要です。子どもに寄り添い、子どもの代弁者となることも児童相談所の責務です。児童相談所は、性虐待の早期発見や援助方法の開発を進めるとともに、児童福祉司が〈性的被害から子どもを守る〉意欲を持ち続けられる体制を整備しなくてはなりません。

## A 啓蒙活動の必要性

### 1. 受け止め役としての教師、学校関係者に対する啓発活動

性虐待の発見は困難ですが、事例や統計からも明らかなように、子どもが学校で担任や養護教諭に、被害を打ち明けたことがきっかけで、発見されたケースが多く見られます。したがって、性虐待の早期発見は、学校現場に期待するところが大きく、そのために全教員を対象とする虐待問題に対する研修が必要です。一部の教員を対象とするのではなく、学校の全職員を対象にした研修の実施により、さらに組織的な取り組みを期待します。教育と福祉の連携により児童虐待に対して取り組むべきです。

性虐待は、学校で発見されることが多いこと、性虐待を受けた子どもに表われやすい行動の特徴（八三頁の参考資料1を参照）を伝え、子どもが打ち明けやすい環境が必要であることを伝えます。

子どもが性虐待を打ち明けるには、話を受け止めてくれる教師が必要です。日ごろからその子どもが信頼を寄せている担任、養護教諭、スクールカウンセラーが対象になります。しかし、突然その教師に打ち明けるわけではありません。日ごろから学校生活のいろいろの場面で築かれた信頼感が基盤になります。教師が忙し過ぎ、時間的に精神的なゆとりを欠くと、子どもたちの行動の変化を見過ごしてしまいますし、子どもの方でも打ち明けるのをためらってしまいます。

また、性虐待を受けた子どもの激しい行動が、〈問題行動〉〈問題児〉と判断されてしまうことがあることは、先の事例からも明らかです。性虐待について知識や理解をもつことで、発見をしやすくなります。

### 2. 児童福祉施設職員への啓蒙活動

児童福祉施設職員を対象にした、児童虐待に関する研修はすでに実施されています。しかし、児童福祉施設は職員の数も少なく、子どもたちの日常生活を支えることで精一杯な状況で、その忙しさが研修参加を困難にしているのが実際のところです。

大勢の子どもたちの生活の場であるがゆえに、性虐待を受けた子どもの行動を問題視してしまうこともあります。生活場面での子どものかかわり方についても適切な助言を行っていかねばならないと思います。日々子どもと接する職員の方の悩み・疑問・不安を共有しながらそ

の子どもをともに見守る連携が大切です。

### 3．小・中学校生徒を対象とした啓蒙と性教育

私たちの国の風土でしょうか、性を語ることをどこかタブー視する傾向があります。

その一方で性に関する情報が氾濫し、子どもたちの周辺は危険がいっぱいです。子ども自身が危険を回避する方法を身につけていく必要があります。そのため正しい教育が必要であると感じます。

〈自分を大切にし、自分の身体は自分で守ること〉、〈日ごろから自分の気持ち・感情を言語化する能力を育てること〉、〈相手が親であろうと《ノー》と言えること〉〈性的部位《口・胸・性器・肛門》は自分以外の人には絶対に触らせてはいけないこと〉、こうしたことを身につけることで、子ども自身が性虐待や性被害から自分を守れるようになることが大切です。もちろん、親から子に伝える必要があります。さらに学校においても、教育カリキュラムの一つに「性被害から自分を守ること」を組み込んだ性教育が必要です。

## B　再び性被害を受けないための援助

性虐待を受けた子どもはその後、性被害に遭遇しやすいことはいくつかの文献で明らかです。児童相談所がかかわったケースでも、性虐待を受けた子どもたちのその後の行動が、性的非行の加害者にも被害者にもなることがよく見られます。愛着と性的関係を混同してしまうことは珍しくはありません。

実父からの性虐待から逃れ施設で生活していた中学三年生の事例では、学校帰りに見知らぬ男性から道を聞かれ〈優しそうな人〉だと感じ二、三回ことばを交わすうちに、誘われるままついていき、性被害を受けてしまいました。

この場合、他からは無防備過ぎるといわれたり、子ども側の落ち度が大きいと言われたりします。しかし、性的被害を受けた子どもは、自分が起こすさまざまな問題行動が性被害に起因していることは理解できません。まして自分の辛さとのつきあい方が分からないため、簡単に〈優しそうな人〉を求めてしまいがちです。

また、性虐待を受けた子どもたちが、男子に非常に慣れなれしく媚びを売る行動がみられ、高年齢の児童に性

的刺激を与えてしまっていると、受けいれ先の施設から相談されることがあります。これは年齢不相応な性的あつかいを受けてきたために身につけさせられた行為であって、子どもが意図的にとっている行為ではありません。このことを職員や親が理解し、子どもの年齢や発達を見極めながら、性虐待の症状や行動の特徴を伝え、子ども自身が〈身を守る〉方法を理解させていく必要があります。

## C 親へのサポート体制

子どもが性虐待を打ち明けてから、家族は大きな衝撃を受けると同時に対応に追われます。

二〇〇三年度、東京都の児童相談所があつかった性虐待の六六件のうち、多くが虐待者から離れてもう一方の親と住んでいます。住居の確保、生活費の確保など課題は多く、児童相談所、保健所、福祉事務所等の関係機関の協力が必要なこともあります。再発の防止と子どもの回復には親からの援助が欠かせませんが、そのぶん親の負担も大きいのです。このため、親の精神的ケアも忘れてはなりません。東京都では児童相談センターの治療指導課が行う親指導や、提携している子ども虐待防止センターで親指導を行っていますが、より多くの支援していく体制作りが求められます。

## D 治療機関等の確保

性虐待を受けた子どもの治療機関は大都市でも多くはありません。医療機関のネットワークを通じて、以下の機関等の開拓と確保が必要です。

① トラウマ治療を行う医療機関と医師
② 産婦人科医師
③ 自助グループ

被害を受けた子どもの産婦人科受診については二次被害となる危険性もあり、受診させるか否か、慎重に判断しなくてなりません。受診が必要なケースでは、子どもの気持ちや性虐待に対する理解を十分に備えた、医療機関の医師と日ごろから連携しておく必要があります。自助グループに関しては、子どもの年齢にもよりますが、性虐待の被害者の自助グループを紹介することがあります。児童福祉施設で退所の年齢となる児童に、自助グループについての情報を提供しています。

## E 児童相談所の機能の強化

性虐待の問題に対処してくためには、すべての児童福祉司を対象に、性虐待特別研修が必要だと思われます。性虐待は他の虐待と異なる問題性（子どもの症状・発見の方法・連携など）を有する虐待です。いまのところ、児童相談所に通告されて相談が開始されても、途中で関係が切れてしまうケースが多く見受けられます。子どもや家族が初回面接はしたものの、その後のかかわりを拒否してしまい、児童相談所は動きが取れなくなってしまうケースもあります。

性虐待特別研修の内容としては、次のようなものが考えられます。

① 性虐待に関する心理学的・医学的理解を深める研修
② 性虐待に対する面接方法（司法面接など）など面接技術を習得をする研修
③ 性虐待と子どもの人権・司法手続きなどに関する研修
④ 医療・司法等の関係機関との連携について

## 医療・司法・福祉・教育のチームによる援助体制

児童虐待は子どもの権利の著しい侵害です。事例からも明らかなように、性虐待は発見が困難で遅れるため、長期間に渡って子どもの権利が侵害され、心身に大きな被害を与えます。性虐待を受け、たとえ心身に変調を感じても、子どもから医療機関にいくことはできず、また、子どもから虐待者を訴えることもできず、訴えることができることも知らず、怒りや戸惑いや不安をさまざまな症状として表現しています。

児童虐待防止のネットワークが法定化されていますが、なかでも性虐待については特別な援助体制が必要であり、医療機関・弁護士・警察など、子ども・虐待者以外の親・虐待者に対して専門的な関与が必要となります。これまでの児童相談所がもつ機能を超えた、医療・司法・教育・福祉など、性虐待に対応する専門チームの設置が急がれます。

# 参考資料1　性虐待の発見のポイント

◎性虐待が、非常に強く疑われる症状や行動
○性虐待が、やや強く疑われる症状や行動
△性虐待が、疑われる症状や行動

## 乳幼児期

◎性器周辺にただれや外傷などが見られる
◎年齢不相応な性的な言動、自慰行為が見られる
◎異性への過度な興味や接近
◎異性への過度な恐怖
◎ＳＴＤｓ（性感染症）がある
◎身体接触を過度に求める
◎風邪症状がないのに咽頭痛を訴える
△落ち着きがなくじっとしていられない
△反抗的だったり、乱暴である
△家に帰りたがらない
△夜尿・頻尿など排泄面で問題が見られる
△ガツガツ食べたり、隠れて食べるなど摂食面の問題がみられる
△興奮しやすい、気分のムラが激しい
△集中力がない

## 小学生

◎性器周辺にただれや外傷などが見られる
◎妊娠・出産
◎年齢不相応な性的な言動、自慰行為が見られる
◎異性への過度な興味や接近、過度な恐怖
◎ＳＴＤｓ（性感染症）がある
◎風邪症状がないのに咽頭痛を訴える
○睡眠障害
○自傷行為や自殺念慮がある
△落ち着きがなくじっとしていられない

△反抗的だったり、乱暴である
△家に帰りたがらない
△不登校
△気分のムラが激しい、興奮しやすい
△無気力
△不安
△夜尿・頻尿など排泄面での問題がある
△腹痛などの身体症状を訴える

**中学・高校生**

◎性器周辺にただれや外傷がある
◎ＳＴＤｓ（性感染症）がある
◎性的逸脱行動（異性との接触や交遊を好む、テレクラなど）
◎性的被害にあいやすい傾向にある
◎異性への過度の恐怖
◎性に対する拒否や否定的行動がみられる
◎妊娠・出産
○家出・徘徊を繰り返す
○自傷行為や自殺念慮がある
○解離症状が見られる
○夜尿・頻尿など排泄面での問題がみられる
○睡眠障害
△盗みや万引き、シンナーなどの非行がみられる
△反抗的、乱暴である
△不登校
△虚言がある
△気分のムラが激しい
△無気力・不安・対人面で過敏である
△うつ状態がみられる
△頭痛、腹痛など身体症状がみられる
△過食や拒食など摂食に関する問題がみられる

**全年齢**

○睡眠障害
○同姓の同胞に性虐待があった場合（特に女児の場合）

出典「児童相談所職員のための性的虐待相談ガイドライン」（受理・調査・援助）

# 第4章 児童養護施設からの報告

浅香 勉（国際医療福祉大学）

## 児童養護施設の概要

### A 施設の役割

児童養護施設は従来、保護・養育という役割が中心でした。そこに、一九九七年の児童福祉改正により自立支援が加わり、さらに平成一六年の改正で退所後の相談も施設の機能とされました。現在は、子どもとその家族の退所後の地域における再統合も視野に入れ、一般家庭にも身近な、支援の総合的展開を担う施設として期待されています。

### B 在籍児童数の状況

#### 1．在籍児童数の推移

児童養護施設の在籍児童数は、一九九〇年以降は主に少子化の影響を受け、一九九五年まで減少傾向にありました。しかしそれは一九九六年より増加に転じ、二〇〇二年一〇月一日現在、定員に対する在所者の比率は八九・三％になっています（「社会福祉施設等調査報告」厚生労働省）。この数値は児童養護施設が都市部を中心に定員一杯であることを示しており、さらに一時保護所も同様の状況にあることを意味しています。また関連する児童自立支援施設においても、多くの待機児童がやむなく在宅指導というかたちで施設サービス／一時保護サービスの利用を待っているという実態があります。そして、この状況は程度の差こそあれ、全国的傾向のようです。

児童養護施設には二〇〇三年二月一日現在、三、〇四一六人（うち中学生三年生以上の年長児六、四六七人――二一・三％）が在籍している（「児童養護施設入所児童等調査」厚生労働省雇用均等・児童家庭局平成一六年七月。以下、本調査および同前回平成一〇年調査結果による）。

## 2．児童養護施設に在籍する児童の年齢構成等

児童養護施設における在籍児童の年齢構成は、平均年齢が一〇・二歳で、六歳未満から一八歳以上と、幼児から年長児まで幅広く分布しています（表4・1）。さらに二〇〇四年の児童福祉法改正で、安定した生活環境と人間関係のために特に必要のある場合には乳児も児童養護施設を利用できることとなり、年齢構成は今後、多様性を増していくと予想されます。なお一歳ごとの在籍児童に対する年齢割合も、四歳～一六歳それぞれすべてが五・一％～七・二％の範囲にあり、年齢構成の「均等化」も近年の特徴の一つです。なお性別は若干男子が多くなっています。

入所時の年齢は、一九九八年からその傾向に変化はないようです。なお二歳での入所が全体の二一・六％を占めて最も多く、その次に三歳の一三・〇％と続いています。これは、乳児院から児童養護施設へ移る子どもが児童養護施設の一八・三％、すなわちほぼ六人に一人を占めることによると考えられます。筆者は、施設入所時そして施設変更時に、信頼を寄せる養育者が変更されて悲しむ児童の姿を何度も見てきました。児童養護施設の玄関で、保護者そして乳児院担当職員の来所を泣きじゃくりながらいつまでも待つ姿です。現在は児童養護施設、乳児院の年齢要件が緩和・延長されたとはいえ、未だ解決課題の一つです。

## 3．障害等および罹患傾向の有無

児童養護施設の特徴の一つに、障害あるいは罹患傾向のある児童の在籍があります。すなわち、養育上配慮の必要な児童が一定割合で生活しているということです。

障害等がある在籍児童は、六、一五五人と在籍児童の二〇％を占めています（表4・1）。一九九八年の前回調査結果一〇・三％と比較して、ほぼ二倍に増加している点が注目されます（複数回答）。

また罹患傾向がある在籍児童は、六、一一一人と在籍児童の二〇・一％を占め、障害等がある児童とほぼ同比

率を示しています（表4・1）。一九九八年の調査結果一六・〇％と比較して、罹患傾向の比率もやや増加し、養育上の配慮の必要性が高い児童が多く生活しています（複数回答）。

### 4．指導上留意している点・学業・通学状況

障害等あるいは罹患傾向以外に、特に指導上留意している点がある在籍児童の比率は九八・四％と、ほとんどの児童に養育上の配慮がなされています（表4・2）。

学業の状況では、「遅れがある」児童がほぼ四人に一人です。これから本章でみていく入所までの過酷な家庭状況を考えた場合、障害等の有無の比率を勘案しても、この数字は児童養護施設職員および学習ボランティアなどによる生活・学習支援の結果として評価されてよいでしょう。

また通学状況別に見ると、「普通に通学」七三・〇％、「欠席しがち」三・一％、「不詳」二三・九％です。

### 5．入所時の家庭の状況等

児童養護施設の施設サービスを利用する契機となった養護問題の発生理由は、父母の死亡や虐待など児童にとって過酷なものになります（表4・3）。特に虐待については、一九九八年の調査結果一九・二％と比較し八・二％増加しており、注目する必要があります。なお児童相談所からの入所措置理由に児童虐待がなく、施設入所後に虐待の事実が判明するケースも多く見られます。

入所時の保護者の状況は、九割以上の児童が両親または一人親がいます。一九九八年の前回調査結果では、両親または一人親のいる児童の比率は八二・八％であり、保護者のいる在籍児童は増加しています。在籍児童に保護者が九割以上いることは、児童養護施設のファミリー・ソーシャルワークの重要性を示唆していると言えるでしょう。

子どもの家庭は一人親家族が六一・五％を占めており、また両親ともいない・不明の児童二、四六三人の保護者では祖父母が四七・三％と半数近くを占めています。

## C　治療的かかわりの必要な児童の増加と対応

児童養護施設を利用する児童にとって、家族の抱える生活課題は児童虐待問題を含め大変に厳しいものです。

表 4.1　児童相談所における在籍児童の内訳

| | |
|---|---|
| **在籍児童** | 30,416 人 |
| **平均年齢** | 10.2 歳 |
| 6 歳未満（17.9%）<br>6 ～ 11 歳（40.8%）<br>12 ～ 14 歳（21.2%） | 15 ～ 17 歳（16.4%）<br>18 歳以上（3.7%） |
| **就学状況** | |
| 就学前（23.2%）<br>小学校（41.2%） | 中学校（21.4%）<br>高校・その他（14.1%） |
| **在籍年数** | |
| 1 年未満 | 18.4% |
| 1 年以上 ～ 2 年未満 | 15.8% |
| 2 年以上 ～ 3 年未満 | 12.7% |
| 3 年以上 ～ 10 年未満 | 42.8% |
| 10 年以上 | 10.2% |
| **性別** | |
| 男子 | 53.9% |
| 女子 | 45.7% |
| **入所時年齢** | |
| 6 歳未満 | 54.9% |
| 12 歳以上 | 12.0% |
| **障害等がある在籍児童** | 6,155 人（20%） |
| **障害の内訳** | |
| 知的障害（8.1%）<br>身体虚弱（2.5%）<br>AD/HD（1.7%）<br>言語障害（1.4%） | てんかん（1.4%）<br>視聴覚障害（0.8%）<br>肢体不自由（0.4%）<br>その他の障害（8.3%） |
| **罹患傾向がある在籍児童** | 6,111 人（20.10%） |
| 風邪をひきやすい（7.10%）<br>湿疹が出やすい（4.10%）<br>よく熱をだす（3.50%） | 下痢をしやすい（1.5%）<br>ひきつけを起こしたことがある（1.2%） |

そうしたなかで児童養護施設は、生活集団の小規模化と職員配置の改善を行い、個々の問題に個別的に対応することで、治療的かかわりを展開しようとしています。

## 1. 生活集団の小規模化への取り組み

現在、児童養護施設での生活支援サービスは、その七割が大舎制（大きな建物での集団生活）によるものです。これは児童福祉施設最低基準／措置費基準等の抜本的改正が遅れているためにやむを得ず採用されてきた形ですが、近年そうしたなかから新しい試みがなされています。家庭的養育環境を目指したグループホームやケア単位の小規模化、いわゆるユニット化への取り組みがそれにあたり、その効果が評価されている児童養護施設が登場してきました。政策全体の展開もこの点に注目し、次のような実施の努力がなされているところです。

### (a) 児童養護施設分園型自活訓練事業

一九九二年度より、中学三年以上の児童を六名程度の規模で個別的に自立支援を行える「児童養護施設分園型自活訓練事業」が実施されました。これは、本園（本体施設）からの支援と連携の下で、独立家屋・アパートなどを利用して専任の職員一人を配置し、自立への支援・準備を展開するものです。しかし単年度ごとの事業展開が行政上求められるため、運営上取り組みにくいとの声があがっています。

### (b) 地域小規模児童養護施設

二〇〇〇年度からは、従来の大舎制から、地域の一般住宅に年齢を問わず六人の児童が二人以上の専従職員の生活支援サービスを受けながら生活する「地域小規模児童養護施設」の創設が始まりました。これは開設する児童養護施設の定員外に新たに六名の定員枠が増えることにもなり、施設サービスを利用できずにやむなく一時保護所や在宅指導として自宅で生活する児童にとっては朗報と言えるでしょう。

二〇〇四年度は四〇ヵ所の既設数を一〇〇ヵ所に増設することを目指しました。これは全児童養護施設の五ヵ所に一ヵ所に相当する目標設定です。当初、地域小規模児童養護施設は、実親が死亡・行方不明等により長期に家庭復帰が見込めない児童を対象としていましたが、運用上の実際をみると利用する児童の抱える生活課題や本体施設での決定理由は多様になっています。

表4.2　障害等および罹患傾向の有無

| 指導上の主な留意点 | |
|---|---|
| 心の安定（64.8%） | 友人との関係（34.6%） |
| 家族との関係（50.1%） | 自己表現力（34.6%） |
| しつけ（45.4%） | |
| **学業の状況** | |
| 特に問題なし（46.2%） | すぐれている（3.8%） |
| 遅れがある（26.2%） | 不詳（23.8%） |
| **通学状況** | |
| 普通に通学（73.0%） | 不詳（23.9%） |
| 欠席しがち（3.1%） | |

表4.3　入所時の家庭の状況等

| 養護問題の発生理由 | |
|---|---|
| 父母の死亡（3.0%） | 虐待（27.4%） |
| 父母の行方不明（11.0%） | 父母の不和（0.9%） |
| 父母の入院（7.0%） | 精神疾患等（8.1%） |
| **入所時の保護者の状況** | |
| 両親または一人親（91.5%） | 両親とも不明（3.1%） |
| 両親ともいない（5.0%） | 不詳（0.4%） |
| **親の内訳** | |
| 実父母（29.4%） | 養父実母（6.2%） |
| 実父のみ（22.7%） | 養父養母（0.2%） |
| 実母のみ（38.1%） | 養父のみ（0.5%） |
| 実父養母（2.6%） | 養母のみ（0.2%） |
| **両親ともいない，もしくは不明の児童の保護者の内訳** | |
| 祖父母（47.3%） | 不明（8.9%） |
| 伯（叔）父（12.7%） | なし（6.7%） |
| その他（12.1%） | |

### (c) 小規模グループケア制度

二〇〇四年度よりさらに小規模グループケア制度が開始されています。施設内で他の入所児童への影響が懸念されるなど、手厚い支援サービスを必要とする児童については、地域内での小規模な生活集団による施設サービスが目指されています。このことは、大舎制から生活支援サービスの小規模化への転換を押し進め、現在の到達水準三〇%の状況を改善することを意味しています。

なお二〇〇四年八月二日現在、全国五五三カ所の児童養護施設において本制度にもとづく小規模グループケアの予算措置状況を概観した場合、都道府県・指定都市と協議し予算確保済み一四・一%、都道府県・指定都市と協議し現在、厚生労働省と協議中一二・一%、これから都道府県・指定都市と協議する一三・五%、都道府県・指定都市にて予算確保済みとの情報を得ている六・五%、施設の判断で今年度の予算措置は見送った（見送る予定）／県との協議なし三三・九%、都道府県・指定都市と協議したが承認されなかった二・六%、その他一七・五%と児童養護施設全体として同制度への積極的取り組みへの兆しがみられます（〈五〇三施設回答、回収率九一%。重複回答あり〉全国児童養護施設協議会調査）。

## 2. 職員配置の改善

### (a) 心理療法担当職員

一九九九年度より、特に被虐待児入所の増加に対応するため、心理療法を必要とする児童が一〇人以上入所している場合には、非常勤ではあるものの心理療法担当職員が配置されるようになりました。なお二〇〇四年度には「被虐待児受入加算」制度として統合され、乳児院、母子生活支援施設および児童自立支援施設も含め、同職員確保の経費に充てられることになりました。

### (b) 被虐待児個別対応職員

二〇〇一年度より、定員が一定以上の場合に個別面接、生活場面での個別的支援、保護者への援助等を行うため被虐待児個別対応職員が配置されています。なお二〇〇四年度からは定員規模要件が撤廃されました。

### (c) 家庭支援専門相談員
### （ファミリー・ソーシャルワーカー）

児童養護施設の児童にとって、家族の再統合への想い、親を想う気持ちは当然ながら大変に強いものです（母親の目の前で売春を強要された中学生女子が、数時間にわたる号泣の後にそれでも母親を求める姿があったという報告もあります）。そこで、二〇〇四年より家庭支援専門相談員（ファミリー・ソーシャルワーカー）が配置され、児童の家庭復帰、里親委託等による早期退所・家族の再統合を目指すことになりました。

# 性的虐待と児童養護施設の利用

## A 性的虐待発見の「困難性」

性的虐待は、児童虐待のなかで特に発見が困難です。性的虐待は他の虐待のように、日常生活のなかで発見できる身体的な外傷が少ないだけでなく、児童自身が性的被害から発生する恐怖、羞恥心そして加害者が特に実父である場合の愛着と拒否の混在した複雑な心理状態等によって、虐待の事実を隠そうとする傾向が非常に強いからです。また秘密を守らせようとする加害者以外の大人からの圧力や脅迫が、他の児童虐待に比べて最も強力である点も強調しておかねばならないでしょう。これらのことが、性的虐待の発生から保護までのを時間を長期化させ、児童の苦痛を増大させます。また、性的虐待を児童に与えた家族の病理は、その他の児童虐待のなかで最も重いものであり、外部からの支援が欠かせません。次に示す事例⑯は、性的虐待の発生から保護まで約二年を要したケースです。

### 事例⑯

### A子（小学五年生）

A子は、父親からの性的虐待を理由に児童相談所の担当児童福祉司とともに来所し、見学の後、その日の内に入所となった。小学五年生としては少し背の高い少女であったが、色黒で痩せており線の細い印象を与えた。表情は暗く、うつむき加減で、人と視線をあわせる事をしなかった。父親は数年前に脳溢血で倒れ、右半身に多少麻痺が残っていたが、日常生活には不自由はなかった。しかし就労できず、家で昼頃から酒を飲んで気を紛らわす日々が続いていたそうである。母親は心臓が悪く、寝たきりの在宅生活をしていた。父親との性交渉には応ずることができず、A子に対する父親の性的虐待の事実を黙認していた。父親はA子への性的虐待を否定していたが、近隣の噂やA子自身の証言により、また小学校の担任からの聞き取りから緊急一時保護の措置がとられ、A子はそのまま入所措置となった。父親は近隣からの有形無形の批判と児童福祉司の説得により，しぶしぶ施設入所を承諾したようである。またA子には兄が一人いたが，中学を卒業すると同時に逃げるように住み込み就職し，すでに家を出ていた。

A子の入所時，担当寮の児童指導員と保育士は，複数の小学生の在籍児童による授業抜け出しやクラスメートへの金銭強要といった問題行動に対処していた。この疲れもあり，これまでA子が受けてきた性的虐待の体験を想像し，その対応の難しさに打ちひしがれる思いだった。またA子の所属寮の別の保育士は，父親に対する怒りを表出しつつも，同時に性的虐待そのものに対する嫌悪感，拒否感を抱いていることが言葉の端々から窺えた。

主任指導員はケース会議において，前者二名の担当職員に，小学校，クラスメートと保護者への金銭強要問題の謝罪，在籍する小学生とのかかわりについて，その大切さと負担感，適切な対応の評価とねぎらいを中心とする支持的スーパービジョンを行った。また後者には教育的スーパービジョンとして，性的虐待に対する援助者の拒否的感情は，子どもは敏感に感じ取ることを説明した。また，被害者本人に責任のない性的虐待体験により否定的な罪悪感を向けられる影響の考察，社会一般に共有される価値観に取り込まれる援助者の自己理解，そして生活支援に臨む専門的態度について支援した。後者の保育士は，厳格な両親に育てられ，大変几帳面で優秀な成績で養成校を卒業した保育士であった。

後者の職員への支援は，職員集団の共通の認識形成と相互の役割の重要性の尊重といった，いわゆるチームワーク形成ともいえる。そしてケース会議では，A子への安全で静かな生活環境を提供することを基本とする支援計画の策定に取り組んだ。支援計画の目的は，わずかなA子の変化を認識し，支援し，評価することにあった。

A子には大量の夜尿がほぼ毎日あり，そのため乾燥室・洗濯場に重く濡れた寝具やシーツを運ぶ必要があった（A子の夜尿への対応から，また中学生も含め，夜尿児が他にも多数いたため大型の布団乾燥機が購入された）。思春期を向かえるA子の恥ずかしさとつらさに，担当寮の職員は心を痛めていた。そこで同室の児童に対し、A子の夜尿のにおいや処理について協力と理解を頼むことにした。A子と家族背景こそ異なるものの、同室の児童たちも施設入所までの家庭生活のつらさを抱えており、理解してくれた。からかいや非難をしないことやその場をさりげなく避けてあげる配慮をしてくれることに、主任指導員から感謝の意を伝え、折に触れて同室の児童をねぎらった。また、個室を提供してあげられぬことを率直に「申し訳ない」と、明確に伝えた。

A子の性的虐待に対する心の傷は、なかなか癒えなかった。それは夜尿が続いていたことが物語っていた。しかし古い生活寮ではあったが、担当職員による懸命な支援（清潔な衣服／寝具の準備、居室環境の整備、遅れがちな学習への学生ボランティアの導入）が続けられるにつけ、無口で自信なさそうな表情が少しずつ変化していった。そのうち、A子は学校から帰ると、学校での様子を少しずつ話すようになった。その相手は若い担当保育士ではなく、日中比較的事務所にいることの多い、主任保育士であった。主任保育士の力量は高く、A子の保護者、特に父親や母親への批判を表わすことなく、静かにA子の話に聞き入っていた。主任指導員がうらやましくなり、何とか話に割って入ろうとすると、二人は力を合わせて撃退しニコニコしていた。

A子が小学五年生で施設サービスを利用しはじめてから三年が経ち、中学生になったA子は夜尿の回数も減少し表情に落ち着きが感じられるようになった。ある日の夕方、同じ中学に通う男子の同級生が主任指導員の元に、不満顔で次のようなことを訴えにきた。A子が学内の弁論大会に出場し、その内容が、A子が児童養護施設で生活していることに触れている。それはその男子児童にとって恥ずかしいことであり、さらに児童養護施設に入所していることを利用して代表となり出場したのはずるい、というのである。地域住民の理解が進んだとはいえ、在籍児童はいまだに児童養護施設に在籍していることに恥ずかしさや引け目を感じることが多い。自ら自分の境遇について発信を行うのはなかなか勇気のいることなのである。主任指導員は男子児童の気持ちを受け止めつつ、A子がいつの間にか培っていた強さと力量に大変に驚かされた。

## B　支援の展開要素

### 1．性的虐待への児童養護施設職員の反応

児童養護施設には実に多くの児童が多様な生活課題を抱えて同時に生活しています。前述した入所措置を見ていただければ理解いただけるでしょう。多くの児童は児童虐待に代表される不適切な扱いを受け、彼らを温かく迎える家庭をもちません。この大変重い現実と、児童が時に引き起こす問題行動に職員が圧倒されてしまうこともままあります。一方、児童に向けられた暴力のなかに性的虐待が含まれている場合、その事実を感情的に受け入れられない職員もいます。

### 2．性的虐待への児童養護施設職員の態度

児童養護施設の職員は施設サービスの目的、利用児・保護者を十分に理解しようと日々努力し、誠実な態度で職務に臨んでいます。しかし、すでに確認してきたように、養護問題の質的・量的発生状況に圧倒され、専門職としての態度に向けた修正が必要な時があります。

### 3．児童集団の支え

児童養護施設では、職員は個々の児童が成長課題を乗り越える支援に寄り添っていくことになります。そのなかで、たやすいことではありませんが、児童の成長の喜びに触れ、彼らから職員自身が助けられることもあるのです。ここに児童養護施設の支援のすばらしさがあり、多くの難しい児童自身やその家族の生活課題を乗り越えうる原動力があると筆者は思っています。難しい困った顔つきでふさぎこんでいる職員に、幼児が気遣い、いたわりの言葉をかけてくることも珍しくありません。

### 4．主任保育士の徹底的な支持

児童にとって心を寄せ信頼できる職員の存在は不可欠であり、事例⑯の場合は、主任保育士がその人です。児童養護施設においては、児童の家庭の問題、保護者の生活課題について、児童自身が問いかけてくることがままあります。なぜ自分は自分の家で生活できないのか、なぜ保護者は家庭生活を維持できないのか、こういった質問を投げかけてきます。この問いかけは、嵐のような激しい感情表出や行動化を伴う場合もありますし、周り

を気遣って事務室で事務処理をする職員に静かに投げかけられる場合もあります。

## 5. 学校生活への取り組み

児童養護施設の在籍児童は、学区内の幼稚園・小・中・高校等に通学します。この平日の大半を過ごす学校生活に適応する姿を見ることは、職員にとって大変に心強い印象を与え、ほっとするものです。学校は学力を向上させるためだけのものではなく、人間関係を学ぶ貴重な場所でもあるということです。この点、多くの児童養護施設では、職員が保護者の立場からＰＴＡに積極的に参加して役員を担うなど、在籍児童の学校での居心地が良くなるよう、積極的に支援しています。

# C 援助の現状と課題

ここまで、限定的ではありますが、児童養護施設の現状の解説と事例を通じて性的虐待への支援について述べてきました。性的虐待は発見が難しく、また施設入所後の児童および家族への専門的・治療的支援も始まったばかりの段階です。また加害者支援についても同様で、司法制度および治療機関・施設が未整備です。

しかし一九九九年度より心理療法担当職員が配属され始めたり、児童養護施設に箱庭療法の設備等が見受けられたりするなど、児童と寄り添う職員により温かく落ち着いた生活が実現されるようになりました。今後、性的虐待への治療的なかかわりにさらに期待したいところです。その際に重要なポイントになると予想される事項を列記して本章のまとめとします。

## 1. 児童の支援にかかわる職員の態度

性的虐待の被害者である児童が、自己を価値ある存在として認識できるように支援することが基本になります。支援者の態度が、過度に同情的であったり、逆に拒否的、否定的であったり（支援者の認識の有無を問わず）すると、性的虐待が加害者の責任であるとの前提が崩れる可能性があり、支援の妨げになります。

## 2. ケアの個別化

児童養護施設のサービスを利用する児童の過半数が児童虐待で入所するとされており、居住空間、所有物、生活行為、意思決定等における個別的ケアは、児童が「自分は大切にされているという自尊感情」の獲得に重要な要素です。今後、地域小規模児童養護施設や小規模グループケアがさらに展開され、本体施設とは別に小さな生活集団が築かれることは、特に性的虐待を受けた児童にとって、その支援の効果が期待されるところです。

## 3．性的虐待行為の再現行為への対処

性的暴力にさらされた児童は、具体的、直接的再現行為を職員や他の在籍児童に対して表現することがあります。性的なニュアンスが込められている場合が多く見られますが、これは当然、悪意によるものではありません。支援者側は、被害者が示すこれらの行動・感情の表出を、大人との人間関係を性的なものとして学習してしまった結果として捉える必要があります。また子どもからの親愛の表現に対して、適切な行動提案によって対処することを、職員の共通認識として形成しておく必要があります。特に若い職員に具体的な対処方法の研修が重要と考えられ、心理療法担当職員にはこの点での貢献が期待されます。

## 4．家族の再統合の条件

加害者が父親である場合、父親がその事実を認めて児童、母親その他の家族に謝罪することが、家族の再統合にとって不可欠になります。家庭支援専門相談員（ファミリー・ソーシャルワーカー）にはこの点での貢献が期待されます。それは、加害者とともに病理に向き合う力量といえます。

# 第5章

# 児童養護施設・P園からの報告

津嶋　悟（被虐待児個別対応職員）

## 児童養護施設における現状と対応

### A　児童養護施設の現状

近年、児童養護施設への被虐待児の入所が激増していることはまぎれもない事実です。これは、施設入所する子どもの数が増えるという表面的な問題だけでなく、複雑な課題を抱えた対応が困難なケースの増加も意味しており、施設職員にとっては非常に重い現実です。

性虐待をうけて児童養護施設に入所している子どもの割合は、児童福祉施設等で生活している被虐待児全体の五%前後と言われています。他の虐待内容に比べて数は少ないですが、性虐待をうけた子どもは私の勤務する施設にも数名入所してきています。入所する時点で性虐待の訴えがない場合でも、その後の施設生活のなかで以前の性虐待が明らかになったり、入所中の家庭への外出・外泊において性虐待が発生するケースも存在します。

性虐待の入所ケースは、数は少なくとも子どもやその家庭のもつ問題の複雑さから、その対応に非常に力を要することが多く、入所している他の子ども・職員を含め、施設全体に影響を及ぼしかねません。また、性虐待に対応する施設職員の力量・経験の不足から、子どもへの的確な援助を行うことができなかったり、その家族や保護者への対応にも非常に苦慮していたりする現状があります。

本章では、私の勤務する児童養護施設、P園での虐待対応の現状と援助方法、そして被虐待児対応の課題について触れていきたいと思います。

まず私の勤務するP園の概要を示しておきます。地方都市のはずれに位置するP園は緑豊かな山の中腹に位置し、山道はきれいに舗装され、まわりには住宅や団地も増えてきました。

P園の定員は七〇名であり、子どもたちは敷地内にある四つの寮と地域に開設しているグループホームとに分かれ、それぞれ生活しています。被虐待児増加の影響をうけ、ここ数年は定員いっぱいの状態が続いており、この状態はまだしばらく続きそうです。職員は、児童指導員や保育士、調理員や事務員、その他の専門職員を含めて約三〇名が勤務しています。当園は住み込みの勤務体制をとっているため、職員も子どももP園を我が家として毎日にぎやかな生活を送っています。

私たちが抱える対応が困難なケースは当然ながら虐待問題だけではありません。注意欠陥多動性障害（AD／HD）や、広汎性発達障害などの発達障害をもつ子どもたちの入所も増加しており、その他にも、学習障害（LD）・リストカットや摂食障害等の精神疾患・非行問題・不登校などの多種多様な課題を抱える子どもへの対応が必要とされます。

さらに、「境界線上の子ども」と呼ばれるような、児童自立支援施設にいくほどでもなく、かといって情緒障害児短期治療施設や知的障害児施設での対応ほどでもないといった子どもが多数入所してきます。この場合、その子どもの家庭や保護者とも連絡を取り合うことになりますが、親の側も大きな問題を抱えているケースが少なくありません。虐待問題・アルコール依存症・薬物依存や精神疾患の問題を抱えた人と接することは、電話一本でさえ非常に大きな力を消費するものです。対応困難な家庭や保護者の増加は、児童養護施設のみの対応では限界があるため、児童相談所や医療機関などの関係機関との連携も欠かせません。

このような状況のもと、児童養護施設の職員は少なすぎる職員配置と、過酷な労働条件のなかで必死に子どもたちと日々の生活を送っています。職員が受けるストレスは相当なものがあり、若い職員だけでなくベテランの職員までもがバーンアウトに陥ってしまう危険性が高いのです。これは日本の児童養護施設の多くに見られる問題です。

## B　事　例

さて次に、P園で扱った性虐待ケースを簡単に紹介していきます。

### 事例⑰ A子（中学二年生）

A子は父子家庭で育ち、小学六年生の弟がいる。姉弟は二人とも幼少時から知的障害の父親から頻繁にポルノビデオを見せられながら育ち、姉弟で性交の真似事をさせられるようなこともあった。その後、父親の養育困難で当園に施設入所となったが、姉弟ともに施設生活のなかで人とのコミュニケーション上のトラブルを多発させ、対人関係に非常に大きな困難がみられた。さらに二人とも思春期を迎えたため、非行問題を示す行動も現れはじめた。その対応には大変なエネルギーが必要とされた。

### 事例⑱ B子（小学四年生）

B子は母子家庭で育った。母親のアパートに一時帰宅していたとき、母親と同棲していた男から性的な言葉を頻繁にあびせられ、歪んだ性の知識を多く聞かされて施設に帰ってきた。その直後から施設内において男性職員との身体的接触を求める行動が多くなった。生活のなかでは性的な言葉を頻繁に口にするようになり、共に生活する他の児童へ多大な影響を与えはじめた。また、極端な薄着や年齢不相応な化粧・服装も目立ち、施設生活においての対人トラブルが多くなっていた。

### 事例⑲ C子（小学三年生）

C子は父子家庭で育った。父親の住むアパートに一時帰宅することがあったが、そのアパートではアダルトビデオや成人本が無造作に置いてあり、父親はC子がいるにもかかわらず目の前で平気でビデオを流したりしていた。その外泊後からC子には、病院の待合室にある雑誌のグラビアページを食い入るようにみるなどの気になる行為が現れるようになった。C子に父親の家での様子をあらためて尋ねると、上記の内容を告白し、父親から「自分の性器を触ってほしい」と言われたことも告白した。外泊の前から、C子には施設内で個別に大人からの性的強要があった場合にはきちんと「いや」と意思表示するよう指導をしており、今回の場合も「いやだ」と意思表示したために何とかその一場は回避できたようである。

### 事例⑰⑱⑲の考察

A子の事例は子どもの性虐待の未然防止の一例であると考えられます。A子は非行傾向を示し、異性とのかかわりには今後慎重な教育と対応が必要でしょうし、非行行動が発展してくるようであれば売春などの虐待被害にあう危険性も心配されるケースです。

B子の事例は母の同棲相手から性虐待相応の被害をすでに受けていると思われるケースです。私たちは、B子が再び性虐待の被害に遭わないために、外泊等での親とのかかわりに児童相談所と連携して慎重に対応し、外泊時の家庭訪問やB子への支援を徹底しています。

C子の事例は実父から直接の性交にまでは至っておらず、相応の被害はうけているものの、直前で防止できているケースと言えるでしょう。このケースでは、未然防止教育が有効に働いており、示唆に富む展開を示しています。

## C 性虐待への対応

性虐待を受けた、あるいは受ける可能性のある子どもへの施設での援助としては、職員全員が正しい情報を共有し、そのケースについての認識を同じくしている事が大前提となります。特に施設長や上司だけが情報を把握し、他の職員が知らされていないような状況では、性虐待への防止活動は非常に困難です。子どもの性虐待事件は発生してからの対応では遅いため、何としても未然に防ぐことを徹底しなくてはなりません。

この、情報に関する対応の基本をおさえたうえで、次に挙げる三つの点に注意し、性虐待を受けた子どもへの援助を行っていく必要があります。

① 子どもの言葉を信じること
② 子どもの性化行動への対応
③ 子どもの「撤回」への対応

（西澤、一九九四）

### ①について

実際に多くの被虐待児と日々かかわりをもつ児童養護施設の職員であっても、子どもの口から性虐待の事実が語られた場合、「大人に対する信頼を守りたい」との思いや、「親などの保護者が子どもに性的な行為を行うはずがない」という思いをもってしまいがちです。しかし子ども自身からするとさまざまな葛藤の末の告白であり、万が一それが嘘であったとしても、親などからの性的行為に関する作り話を子どもがすること自体、何らかの大きな問題を示唆していると言えるでしょう。性的行為について口に出すことで、未然防止や直前防止のサインを発している可能性もあります。つまり、子どもの話が信じられない場合でも、現実に何らかのメッセージが子どもから発せられていることは事実なのです。そのため被虐待児とかかわる施設職員は、子どもの言葉を否認することをせず、「話してくれてよかった」「あなたのその言葉を信じる」と繰り返し伝えていくこと、さらに何らかの具体策（未然に性虐待の発生を防ぐなど）を講じることが求められるでしょう。

### ②について

性虐待を受けた子どもは、年齢的に不適切な性的関心や性的行為を示すことがあり、こうした特徴的な行動のことを性化行動と呼びます。B子の事例に見られるような、男性職員に必要以上に身体的接触を求める、年齢不相応な化粧や異常に肌を露出させた服装をする、などのさまざまな性化行動として現れてきます。そのような子どもに対し、「ここではそのようなことをする必要がない」「そういう行動は不適切である」ことを繰り返し伝え、またどのようなかかわりが適切であるかを示していくことが重要です。また、性化行動が再発防止や拡大防止のサインである可能性も考えてみる必要があるでしょう。

### ③について

性虐待を受けている子どもはそのことを家族以外には隠しておこうとする傾向が強く見られ、その「秘密」の開示を強要するような大人のかかわりは子どもにとって逆効果になってしまう可能性があります。一度性虐待を職員などに告白した後に事実を否定するような場合、子どもが一旦は口にした事実を撤回するに至った子どもなりの心のプロセスを理解し、共有するかかわりが必要となります。

## D　外傷後ストレス障害（ＰＴＳＤ）への対応

ＰＴＳＤとは、外傷後ストレス障害と訳され、強度のストレスにさらされた後の遺症ともいうべき概念です。これは子どもに限らず大人の場合も、また、虐待に限らずあらゆる体験の場合に共通に使われる概念であり、虐待のように持続的で人格形成の途上で起こるトラウマ体験の後遺症としては、より複雑な複合的ＰＴＳＤという概念が提起されています。トラウマとは、さまざまなショッキングな体験に遭遇することによってできた「心の傷」であり、その傷が時間の経過によって癒されることなく、その人の心理状態や精神の働きに著しい障害を引き起こしているものを指します。性虐待の影響は、性虐待を受けた年齢やその内容により異なりますが、いずれも外傷後ストレス障害につながる可能性は大いにあると考えられます。

また、その場での意識や感情を麻痺させ遮断してしまう心のメカニズム（解離）が働くことで、大人からの性的暴力に対処してきた子どももいます。

過去の性虐待をまったく思いだせず、記憶の奥底に閉じこめてしまう子どももいれば、性的被害をうけた状況と似たような場面に出会うと、突然その光景が目の前に浮かんできて（フラッシュバック）、混乱する子どももいます。また、不適切な養育環境で性的な光景に日常的にさらされてきた場合、何気ないごっこ遊びのなかで性的なやりとりを展開したり、躊躇なく人の身体に触るなど安易に身体接触を求めるＢ子（事例⑱）のような子どももいます。

こうした子どもには、施設生活のなかで、身体や性の大切さを伝える工夫や異性との適切な距離の取り方を日々のかかわりを通して伝えていくことになります。

いずれにしても被虐待児に必要なのは、自分がかけがえのない存在であると大人から認められることです。適切な距離を保ちつつ、希望を失わずに寄りそい続けてくれる援助者との愛着形成が、ＰＴＳＤを抱えた子どもの成長に不可欠といえるでしょう。

# 被虐待児とかかわる施設の取り組みと課題

## Ａ　性についての学習

性についての学習とは、生命の誕生と成長、つまり生きていくことの意味、人間の尊厳について学ぶことです。施設で生活する子どものなかには、何か一緒に行動しようとすると「できない」「どうせ私なんてだめ」とすぐあきらめてしまう子が多くいます。自分を悪い子、いらない子と思い込んでいる子どももいます。自己評価の低さは被虐待児に見られる特徴の一つですが、そのなかでも性虐待を受けた子どもについては、その度合いが極めて高いことが報告されています。

この自己評価がまったくの間違いであることを子どもに教えなくてはなりません。人がこの世に生まれ、いま生きていることは無条件に喜ばれるべきであり、大切にされるべきなのです。自分の命の価値を子どもが子どもなりに納得し、さらに学んでいくための学習が必要となります。

エネルギーに満ちあふれている子どもたちの問題行動や性に関する旺盛な好奇心を、管理的なかかわりや力で抑えようとしても、それは表面的な問題解決にしかならないでしょう。そうならないためにも、子どもの内面に寄りそいながら、人の根源的な問題としての〈性〉と〈生〉に関する教育が必要になります。

いまP園では、子どもとの日常生活のなかで性教育を行うようにしています。子どもたちを一同に集めて勉強会のような形で性教育を行っていた時期もありましたが、現在のように複雑な背景をもとに入所してくる児童に対しては、集団での性教育は生活自体に混乱を引きおこしかねないことから、形を変えました。

現在は、それぞれの子どもの成長段階や必要な時期を考慮しつつ、より個別的な性教育を行っています。私の勤務する施設は住み込みという勤務形態をとっており、二四時間子どもと一緒に寝起きを共にしています。そのような勤務形態と子どもへの接し方だからこそ、子どもたちとの生活のなかでの性教育が可能となり、職員との入浴や枕を並べて寝る際などはその絶好の機会となります。

職員自身の性に関する学習としては、年数回保健師や助産師などの専門家に来ていただき、子どもへの性教育のしかたや話し方、性についての知識を高めるようにしています。また、特に個別指導が必要で、より専門的なかかわりが必要であると判断される子どもについては、保健師の先生に直接性教育をお願いする場合もあります。

いずれにしても、子どもたちに何らかの機会を通して性についての正しい知識をもたせることは、子どもたちが性暴力にあう危険性を多少なりとも軽減させているはずです。

## B　職員のチームワーク

これまで、子どもの生活全体の援助は児童指導員や保育士からなる直接処遇職員が担ってきました。直接処遇職員が行ってきた援助には、生活全般の援助、子どもへの心理的側面からの援助、保護者への対応など、あらゆることが含まれます。しかし被虐待児の増加により、これまでの直接処遇職員の経験だけでは対応が困難なケースが続出してきました。こうしたなかで児童養護施設には、さまざまな処遇困難ケースに対応するよう直接処遇職員以外にも専門職員が配置されてきています。

まず挙げられるのが被虐待児個別対応職員の配置です。これは豊富な知識と経験を有する職員が個別対応職員として、児童指導員や保育士などの直接処遇職員に対し助言指導を行ったり、被虐待児に対し個別面接や生活場面での一対一の対応を行うものです。平成一三年度より被虐待児のケアの向上を図る目的で設置され、筆者も平成一七年度からこの職に就いて勤務しています。

つづいて家庭支援専門相談員（ファミリー・ソーシャルワーカー）の配置が挙げられます。これは被虐待児の施設入所の増加を受けて、入所前から退所、さらに退所後のアフターケアに至る総合的な家族調整を担っており、家族調整の強化と子どもたちの早期家庭復帰を目的とする職種です。

さらに被虐待児への対応に欠かせないのが、心理士の役割です。心理療法担当職員は、直接処遇職員とは異なった視点から、子どもたちの心に対する理解やアプローチの方法を提示します。たとえば、直接処遇職員が被虐待児からの依存や攻撃に巻き込まれている場合、直接処遇職員が自身の状況を客観視し、適切に対処することをうながします。また、実際の心理療法で効果をあげることも期待されます。P園においては臨床心理士の先生二人に非常勤で勤務して頂いており、週二日程度、特に心理的かかわりの必要だと思われる子ども数名に対し、プレイセラピーを中心にかかわってもらっています。

これらの各専門職員は、他職種との連携においてお互いの役割を尊重し、分担と協働関係を継続していくことが期待されます。C子の事例においては、入所直後から心理士のプレイセラピーを受けていたこともあり、本児の告白をうけて父親からの性的なかかわりが疑われた後、父親への対応には心理士の先生も加わることで援助に厚みが増しました。子どもたちの状況・状態によって、役割分担の割合を、柔軟に変化させることも必要といえるでしょう。

## C 被虐待児とかかわる職員への援助

児童養護施設の仕事は大変不規則な仕事であり、労働時間も長く、勤務とプライベートの境目が分かりづらい職種です。前述のとおり仕事の量そのものが増加している昨今、職員のメンタルヘルスの必要性が高まってきています。被虐待児とのかかわりを通して職場のなかで孤立してしまったり、バーンアウトしてしまったりすることがないように、職場内や他の児童養護施設職員との交流を深め、他施設の実践を学びあったり情報を交換しあえる環境と雰囲気作りが大切になります。施設内の職員会議やケース会議などは、現状分析と情報交換の場として活用することができます。

# 児童養護施設の課題

## A 被虐待児の施設における愛着形成の課題

被虐待児への対応を難しくしている要因の一つに、被虐待児が親との安定した愛着関係を形成できていないことがあげられます。愛着は子どもに〈愛されるにふさわしい自意識〉や、他人を信頼するなどの〈基本的信頼感〉を獲得させるといわれています。これらの心の働きが欠けていると、日常生活のなかで他者との安定した関係を結ぶことや、意欲をもって生活課題に対処できない可能性が高くなります。したがって、性虐待を含む被虐待児への援助を考える際には、彼らとかかわる大人との愛着関係の再形成が重要な課題となってきます。

しかし、施設等の集団生活では、特定の大人との愛着形成が困難な場合が多いと言われています。たいていの児童養護施設では児童指導員や保育士などの直接処遇職員が一～六名程度の担当児童をうけもち、住みこみや交代勤務の体制で子どもたちと生活しています。住みこみとは言え、当然ながら職員には休日があるため、一～二人の職員で十数人もの子どもの生活に対応しなければならないときも出てきます。少数の大人が秩序を維持するためには、規範を強くしたり、子ども個人個人の主体性よりも集団での動きを重んじたりしてしまいがちになるのです。くわえて、子どもの病院への通院、夕食の準備、宿題の確認や幼児の入浴・就寝等、目の離せない幼児が複数いれば職員の労力はなおさらと言えるでしょう。

このように、集団が大きくなればなるほど、職員の対応は機械的で管理的になっていきます。愛着形成の重要性を意識していても、日々の生活の忙しさでなかなか手が回りません。こうなると、子どもの側からしてみればトラブルを起こす以外に、注意を引いたりアピールする手段がない場合もあるでしょう。就寝時においても、心穏やかに寝つくというよりも添い寝をする職員を奪いあうというようなことも起きます。

児童養護施設は「生活の場」であり、心安らぐ存在でなければなりません。そのためには、少人数でおちついた生活空間を保障することが必要となります。そのなかで個別的援助が出来れば理想的です。少人数によるゆとりは、暖かい家庭的な雰囲気を生み出します。子ども一人ひとりが、愛着をもっている物、場所、遊びの世界などを他から侵害されることなく安心して楽しむことが、自分が大切にされているという思いを育てます。子どもは自分自身が大切にされて初めて、他者を大切にすることを知ります。

## B 他機関との連携と課題

児童養護施設と特に密接にかかわる機関は、児童相談所です。児童相談所と児童養護施設がお互いの機関の仕組みや機能的特徴を理解しながら、子どもの安全確保や発達保証、家族の再統合に向けての連携をとり、子どもと家族に援助を展開していく必要があります。前述した職員の不足など、児童養護施設では子どもたちが安定した生活を送ることが非常に難しくなっています。また性虐待などの難問に直面したとき、対抗策を施設単独で立てるにはマンパワーから考えても無理があり、児童相談所との連携は欠かせません。児童養護施設と児童相談所は、児童養護施設に入所しているすべての子どもについて日々連絡を取り合い、共通した認識で同じ方向を目指していく必要があるでしょう。

もっとも、児童相談所においても人不足の問題は存在しており、一人のケースワーカーが非常にたくさんのケースを抱え、日々の業務に追われています。施設の増設と人的配置による機能強化は、ここでも切に求められている問題なのです。

一刻も早く「児童福祉施設最低基準」の見直しがなされ、被虐待児へ対応できる専門職と機関の充実がなされることを切に願うばかりです。

# 第6章

# 犯罪被害に対する警察の危機介入

吉川由香（千葉県警本部少年センター）

## はじめに

年々、各機関から報告される児童虐待の数は増加の一途をたどっています。子どもと分離されることに抵抗を示したり、攻撃的な態度に出る親への対処を考えると、警察の役割に対する期待も少なくはないのでしょう。しかしながら、関係者が児童虐待の問題について警察の関与を躊躇《ちょうちょ》するのはなぜなのでしょうか。

第一に、家族内の出来事や個人のなかで秘めておきたい〈性〉の問題に、警察が関与することで問題が大事になるのではないか、と漠然とした不安があるのではないでしょうか。〈警察沙汰〉になり、問題がオープンになることで子どもや家族が傷つくのではないかとの恐れを抱きやすいのかもしれません。第二に、司法のプロセスでは性虐待の事実を確認するために、性虐待の経過や内容について子どもに細かく質問し明らかにすることが必要とされています。その面接のプロセスが、子どもに心理的な負担を強いるために躊躇《ちゅうちょ》するのでしょう。第三に、家族のなかで起こる問題が警察や裁判所で犯罪として扱われ、法律にもとづいて方針が決められ、本人や家族、関係者の意思とはかけ離れたところで物事が進んでいく印象を持つのかもしれません。家族のなかで起こった問題が司法のルートで「犯罪」としての対応がなされることへの家族や周囲の人びとの抵抗は大きいと思います。このような理由から、多くの人が警察などの司法機関と虐待の情報を共有することを迷う理由なのではないでしょうか。

しかし、性虐待は〈性〉の問題として考えるべき範疇のものではなく、性的な暴力であり、暴行であることを忘れてはなりません。

子どもたちは、家族以外でも、親戚や保護者の知人、隣人、学校関係者や職場の上司、医療関係者などさまざまな人物から性的な被害を受けています。ここでは、本書の冒頭において石川が指摘していたように、性的虐待を保護者から行われる性的行為とは限定せず、子どもの性虐待についてより広い観点から捉えています。

この章では、子どもの性被害への対応に役立てていただけるよう、いくつかの模擬事例を用いながら、性被害にあった子どもとどのように関わっているかという点について紹介したいと思います。司法の分野での対応は、他機関の考え方や手法とは異なる点がありますが、子どもを守るという点で目的は同じです。さまざまな機関と協力して性虐待に対応していくことが子どもたちの福祉を守ることにつながっていくと期待します。

## 少年センターという機関の概要

昨今、各都道府県の警察には、少年センター（県によってはサポートセンターという名称を用いている）が設置されています。少年センターは、自転車盗みや万引き、深夜徘徊などの非行の入り口の段階で子どもたちにかかわることで非行の深刻化を防ぐことを目的として、設立されたものです。また、犯罪の被害にあった子どもの精神的なダメージを軽減するための面接等による支援を行うことも重要な活動の一つです。県内を六つの地区に分け、子どもや保護者などに対する個々の関わりだけではなく、地域や学校、関係機関の方々との連携を通じて、子どもたちが健全にはぐくまれていくためにさまざまな活動をしています。私は少年センターで相談員として補導の専門職員や警察官のスタッフとともに働いています。

少年センターの具体的活動については、①家族や本人からの相談の受理、②被害にあった子どもへのプレイセラピーの実施、③街頭での補導活動、④非行問題を抱える家族を対象とした親グループ（同じ悩みをもつ親同士で悩みを話し合う会）の開催、⑤大学生ボランティアと遊びや勉強を通じて、子どもが健全な人間関係を経験してもらう取り組み、⑥非行防止のための広報啓発活動などが挙げられます。特徴としては、家庭訪問や学校訪問などのアウトリーチ活動を積極的に行っています。

さて、性虐待についての取り組みですが、家族から性的な虐待を受けている場合は、多くのケースが児童相談所に相談が寄せられるため、警察で性虐待の被害にあった子どもをケアするのは稀です。しかしながら、家族以外の人から受けた性的な被害のケアを行っており、どのようにかかわっているかについて、（A）被害直後の危機介入サポート、（B）子どもと家族への継続的サポート、（C）他機関との連携の三点から紹介します。

## A 被害直後の危機介入サポート

各都道府県の警察では、平成一二年ごろから犯罪の被害に遭われた人を対象に、被害からまもない時期にカウンセラーを紹介しています。主に、警察本部の犯罪被害者対策室などで対応しています。本人の希望があれば、カウンセラーは本人や家族に被害の後に一般的に認められる状態を説明したり、当面の生活方法についてアドバイスをしています。子ども自身にカウンセリングの希望がない場合や、親が子どもにカウンセリングを受けさせることに迷いがある場合には、家族のみからの相談に応じています。子どもに対する親の対処が変わることで、子どもに肯定的な影響をもたらす場合もあります。

たとえば、親は「子どもに何があったのかを聞いてもいいのだろうか」、「被害の話を子どもから聞いたとき、つい怒ってしまった」、「被害にあってから子どもが登校しないのだが、子どもを甘えさせているから学校に行けないのだろうか」など、子どもへの対処の仕方に疑問をもつことが多いものです。また、被害にあった後、子どもは食欲がなくなり不眠が続き、おねしょをしたり一人でトイレに行けなくなるなど、赤ちゃん返りのような反応を示すことがあります。被害にあった後に生じやすい子どもの反応について親が理解し、適切な対処をすることにより、子ども自身が落ち着くことができるのです。

また、学校の先生が子どもの学校での様子の変化について疑問をもつことがあります。子どもが頭痛や腹痛などの身体症状を示し、不登校になることがあります。このような場合、学校の先生は子どもが怠けているのだろうか、登校刺激を与えたほうがいいのかと迷うことが多いでしょう。これらの疑問について、カウンセラーがなぜこのような反応が起こりやすいのかを説明し、子どもへの接し方について助言を行います。先生は判断に迷うことは少なくなりますし、子どもが被害からどのようにして回復していくのかについて指標をもつことができます。出来事の直後には、被害による子どもへの影響を理解し適切な方針をもって子どもにかかわると、症状の悪化を防ぐことができるのです。

以上のような危機介入は、たいてい出来事から一ヵ月以内に一、二回程度のセッションで行っています。各都道府県により対応が異なっていますので、本人や家族の希望があれば、警察署の被害者相談の窓口、もしくは警察本部の犯罪被害者対策室に問い合わせて下さい。なお、被害を受けた子どもが裁判への出廷を求められた場合には、民間の被害者支援団体などに登録しているボランティアに付き添いを頼むことができるケースもあります。詳細については、各都道府県の被害者支援団体にお尋ね下さい（ＮＰＯ法人全国被害者支援ネットワークや警察庁のホームページを参照されたい）。

## B　子どもと家族への継続的サポート

子どもが性被害にあったことで不適応の状態が続く場合は、希望に応じて少年センターで子どもや家族がカウンセリングを提供しています。学童期の子どもであれば、言葉ではなく、遊びを通してケアをするプレイセラピーを行うこともあります。私が勤務する少年センターには、じゅうたんがひかれた明るい部屋に、たくさんの玩具が用意された空間があります。子どもは、物理的にも精神的にも安全で安心できる空間において、遊びを通じて自分の感情を表現することができるのです。

たとえば、子どもは自分の苦しみを「お胸のところがちくちくする感じ」と言った言葉で表現すれば、道具を使ってカウンセラーと一緒に玩具の救急セットを用いて手当ての真似をすることもあります。また、家のなかで被害に遭った子どもが粘土を用いて「絶対に悪い人が入らない家」を作ることもあります。子どもは独自の表現をしながら、自分自身で安全な感覚を取り戻そうとします。カウンセラーはこのプロセスを手伝いながら、子ども自身が「嫌な出来事にあったけれど自分は前よりも強くなった」という感覚をもてるように援助していきます。

子どもにケアをしていく際に重要なことは、家族に対するケアも必要だということです。子どもが被害によって傷つくと同じように、家族も苦しんでいます。親は「自分が子どもを守れなかった」、「あのときこうしていればこんな目には遭わなかったのに」と自責の念にかられることが多いのです。親が自分を責めていると子どもに安定してかかわることができなくなりますし、親の不安は子どもにも敏感に伝わりやすく、子ども自身が精神的に安定した生活を送ることが難しくなる場合もあります。そのため、少年センターでは、子どものセラピーの際には家族にも来談してもらい、家族の対処についての相談に応じています。これらのカウンセリングは、子どもと親を対象として中長期にわたり継続的に行われています。

## C 他機関との連携について

　子どもは長い時間を学校や保育園で過ごすわけですから、学校の先生やスクールカウンセラー、保育士が虐待を発見し、児童相談所や教育相談所、保健所がかかわり、児童養護施設などで長期間支援するなど、虐待についてはさまざまな機関が関与しています。どこの機関でも子どもの福祉や幸せを願い、出来る限りの支援を行いたいと考えているのではないでしょうか。ところが、子どもの性虐待について司法の機関がかかわると、状況や方針について十分に理解できないまま、想像しなかった結果をもたらし、子どもを傷つけてしまうのではないかとの不安をもたれるのではないでしょうか。そこで、少年センターでは、警察署に通報したらいいのか迷いがある場合等について、学校の先生や他機関のスタッフから相談にも応じています。実際に、「警察署に通報すると大事になって子どもを傷つけてしまうのではないか」、「加害者が同じ学校のなかにいるので対応が難しい」という問い合わせが寄せられます。このような相談の背景には、司法の役割についての情報の不足と誤解があり、それらのために生じる漠然とした不安があるのでしょう。警察が実際にどのような手続きや介入を行うのかについての情報が少ないため、子どもや家族、他機関のスタッフは、法律を用いた対処を躊躇《ちゅうちょ》しがちです。相談をすることで、警察がどのような役割を果たし、物事がどう進んでいくのかについて具体的な情報を得られると、不安も軽減されるのではないかと思います。たとえば、性犯罪で被害届を出すときに女性の警察官に担当してもらえるのか、届けを出すにはどのくらいの時間がかかるのか、届けを出した後はどのような事態が予想されるのか、裁判はどのように行われるのかなど、疑問な点がたくさんあるでしょう。そのような疑問について、少年センターのスタッフが他機関の方々と警察の間のパイプ役となって、正確な情報を丁寧にフィードバックすることが、子どもや家族が自己決定することにつながるでしょう。性虐待や性被害等の大変つらい体験をした後にどう対応するかについて、たった一つでも選択肢が広がることは大切なことです。また性的虐待について、他機関のスタッフが対応に苦慮する場合もあるでしょう。たとえば、親が子どもの入院している病院に嫌がらせをして物を壊したり、学校や児童相談所を暴力を用いて脅す場合には、市民の安全を守るための強制力を行使できる警察の力は大きいかもしれません。事態の悪化に備えて、その対応方法を事前に警察に相談しておくことで、ケースへ対応の一助となろうかと思います。その際には警察の専門スタッフと日頃から連携し、ネットワークを活用することをお勧めしたいと思います。

今まで警察とやり取りをした方のなかでは、上手く意思疎通が図れなかった経験をなさった方がいるかもしれません。宮本（一九九九）によると、日本子どもの虐待防止研究会委員に質問紙調査を行った結果、警察との連携を難しいとする要因の一つに「警察の体質や組織の問題とそれに対する他機関の心理的抵抗」や「虐待についての警察側の認識不足、そのための対応のまずさの問題」が挙げられています。この指摘のように、他機関からすると、微妙なニュアンスが伝わらず、即決即断で問題を解決していこうとする姿勢が時には抵抗感を感じさせるのかもしれません。また、問題となっていることをどこに相談したらいいのかわからず、組織が複雑な体制であるかのように映るでしょう。たしかに、警察は警察法に基づいた犯罪捜査を担う機関であるため、犯罪の捜査には長けているのですが、微妙な問題については不得手であると言えるのかもしれません。特に、捜査を進めるため指示や命令が迅速に伝わる縦割りの組織体制になっていることが、性虐待などの慎重な対応が求められる問題について連携する際に困難になっていると思われます。私は警察部内での連携を図る際には、複数のセクションに連絡をしたうえで、各部署の動きを理解し、最も望ましい効果を生み出しそうな方法は何かを見極めるようにしています。そのような作業については、専門スタッフを通じて、連携していく方が得策かと思います。

少年センターの一部のスタッフは、子どもの虐待防止のネットワークや研究会に参加するなどの活動をしていることもあり、先生の不安や質問に比較的細やかに対応できる場合もあるかと思います（詳細については、遊間〈二〇〇〇〉を参照されたい）。ケースによっては、警察署との橋渡しがスムーズに行える場合もあります。少年センターのような警察内部での専門職を活用されることをお勧めします。

## 筆者の性虐待援助の経験について

私は警察の相談員として、少年センターで子どもや家族からの相談に応じています。また、警察の被害者対策室というセクションで犯罪の被害に遭われた方への危機介入に携わった時期がありました。ただし、家庭内での児童虐待は児童相談所に通報されるため、性虐待直後のケアに携わった経験はありません。

非行や家出の問題で相談に応じたケースに関わるなかで、過去に性虐待を受けていたことを告白されたケースがあります。性虐待を受けたことで子どもは人を信頼することに支障をきたすなど、大事な心の機能が奪われ、子どものその後の人生や生活、心身の健康に長期間にわたって大きな悪影響を受けていることを目の当たりにしました。

私が性虐待でかかわってきた子どもたちは、家族以外の人から性的被害を受けた場合です。子どもたちは、身の回りにいるさまざまな人たちから性被害を受けています。性的な被害にあっても警察に届けられるケースはほんの一握りだと思いますが、それでも、「近所のお兄ちゃん」、「親戚のおじちゃん」、友だちの父親、医者、施設の職員、家庭教師、塾や学校の先生にいたるまで、さまざまな人からの性的被害を耳にしてきました。子どもたちは、今まで危険だとは感じていなかった生活空間で身近な人から被害を受けたことにショックを受けています。

さらに、残念なことに、性被害を受けた子どもたちは被害の体験で傷つき、そのうえ周りの大人の無理解から生じる言動に傷ついていることを知りました。たとえば、「スカートが短いから襲われるんだ」、「かわいいから狙われたのよ」など、被害の後に周囲の人から受ける言葉や噂のために子どもが再度傷ついています。これは二次被害と呼ばれており、子どもが被害から回復するには、二次被害の防止に努める必要があります。私は性被害の子どもたちとかかわる際には、二次被害が起きないよう必ず家族や学校の先生へ心理教育を提供してきました。この心理教育の提供も子どもを支えるために重要な活動の一つです。

## A　サポート例の紹介

他の機関の方々から問い合わせが多い事柄について、模擬事例を挙げながら紹介したいと思います。

### 事例⑳　子どもが一見元気に見えても後に症状が出る場合

学校の帰りに知らない男性からレイプされた高校生

のL子さん（女）と会ったのは、被害から数日後のことでした。L子さんは私が面接で何か話しかけても泣くばかりで、「すみません」、「大丈夫です」という言葉を繰り返すだけでした。L子さんの表情が緊張していたことや警察署での事情聴取の直後だったこともあり、初回の面接は早々に切り上げ、後日母親からL子さんの様子を知らせてもらうこととしました。三ヵ月後、母親からの電話報告では、「L子は元気で学校に通っているから大丈夫です」と明るい口調で話されました。私は初回の面接でのL子さんの表情が気になっていましたが、母親の言葉に少し安堵しました。母親には、L子さんの具合が悪くなったり、学校への適応が上手くいかない場合は連絡するよう伝え、電話を切りました。

その後、母親からL子さんの具合が悪いと連絡があったのは、被害から数年経った後でした。あれから、L子さんは頑張って登校を続け高校を卒業、大学に進学し、大学でボーイフレンドができ交際をするようになったそうです。ところが、ボーイフレンドから母親に「L子さんと手をつないだりするとL子さんの様子が急に乱暴になったり情緒不安定になる。昔、被害にあったことが関係しているようだ」と電話があったのです。L子さんと母親に来談してもらいましたが、L子さんの症状は予想していたよりも重く、PTSD（外傷後ストレス障害）が疑われ、投薬治療が必要と思われたため、精神科のクリニックを紹介しました。

子どもが性的な被害にあった後の反応は、①恐怖や怒り、不安などから泣き叫んだり、緊張が続き落ち着きがない状態になる、②恐怖や怒り、不安などの感情は覆い隠され、表面上は穏やかになる、の二通りの状態が見られる場合があります。特に、後者の反応については見逃されやすいのです。

L子さんの場合は被害直後は泣くなど混乱した様子を表わしていましたが、その後の生活では明るく振舞い、不安や苦しみを表には出さずに、自分に無理を強いていたのでしょう。子どもが被害にあった場合、その後の被害の影響によって、さまざまな不適応の状態（乱暴になる、無気力になる、外に出られない）が引き起こされる場合があります。子どもが一見、明るく振舞っていると、周りの大人は大丈夫だろうと安心しがちですが、子どもは時間が経過した後で不調を訴える場合や、周囲の人が不調に気がつかない場合があるので注意が必要です。

## 事例㉑　M子（専門学校生）――被害後のケアに必要とされる心理教育について

それでは，子どもが示すどのような反応に気をつけたらいいのかについて考えてみましょう。

小学生のM子さん（女）と出会ったのは，学校の帰り道に見知らぬ男性から体を触られる被害にあってから数日が過ぎ，登校しないM子さんを心配した学校の先生がカウンセリングを紹介したのがきっかけです。M子さんは，その出来事があってから一人で外出できず，夕方になると動悸がし，家でも家族の姿が見えないと怖い感じがするので家のすべてのドアは開けっ放しの状態だと話しました。また，一人になると不安になり，母親と一緒に入浴し，同じ布団で寝るようになりました。

それから，M子さんはしばらくの間，家から出られず学校も休みました。そのようなM子さんの状態を見た母親と学校の先生は「このまま学校を休ませると，怠け癖がついてしまうのではないだろうか」，「一緒にお風呂に入り，寝ることは甘やかしているのだろうか」と悩みました。

そこで，カウンセラーが両親と学校の先生に前述の被害後に見られる反応について説明しました。一般に，被害にあった後に見られる反応は次のようなものです。

◇生活面――食欲が湧かない，夜眠れない，物音に敏感になる，人に会うのが怖くなり外出できない，（幼児や学童期の子どもは）おねしょをする，爪かみをするなどの退行症状を示す，出来事があった場所を避ける，など。

◇身体面――頭痛や腹痛がする，動悸がする，めまいがする，吐き気がする，など。

◇心理面――人に対して怖いと感じる，自分の居場所が安全ではないと感じる，誰も自分の気持ちをわかってくれないと孤独を感じる，自分が悪いと責める，自分が弱くなったと感じる，出来事の大事な一部分を覚えていない，など。

特に，M子さんの場合には，カウンセラーは次のような心理教育を行いました。

①苦痛な体験をすると，食欲がなくなり眠れなくなる場合もあるが，これだけ大変な思いをしたのだから

自然な反応である、②同じ目に遭うのではないかとの恐怖心のために家から出られずにおり、不登校は怠けではない、③今まで安全だと感じていた場所で被害に遭い安全感や安心感を失っている。そのため、母親と一緒に入浴をしているが、甘えとは異なる、と説明し、適切なケアをしていけば時間の経過と共に落ち着くと保証しました。

その説明を聞いた母親は落ち着きを取り戻し、登校しようとするものの玄関にうずくまるM子さんに休むことを勧めるようになります。カウンセラーは学校にM子さんの状態を知らせ、学校側ではM子さんにとっては登校へのプレッシャーの原因の一つであった励ましの電話を控えることにしました。また、学校をいつまで休むかとの問題についてはカウンセラーと学校で連絡を取りあうことになりました。その他、学校の先生方が、M子さんの被害について生徒の間で噂にならないように生徒に対して共通の説明を行うよう配慮してくれたことも、M子さんをほっとさせました。そして、二週間後、M子さんは登校を始めたのです。

子どもが被害から回復するためには、被害による影響と反応をきちんと理解し、その子どもの状況に応じた対処をすることが大きな力になるでしょう。

M子さんの事例のように、順調に回復していくためには家族や先生が子どもの反応に理解を示し、子どもの回復を待つことが必要です。しかし、周囲の人が被害に遭った後の反応について知識がないと、子どもを傷つける言動をとってしまいます。子どもは自責感をもつと被害からの回復が遅くなることが知られていますので、子どもに自責感を与えるような言動に留意することが重要です。

## 事例㉒ 二次被害をどう防ぐか

高校生のN子さん（女）は、塾の帰り道に男性から後をつけられ、背後から襲われる被害に遭いました。その事実を聞いた父親は混乱し、思わず「そんなに短いスカートを穿いているから襲われるんだ」とN子さんを怒鳴りつけました。学校の先生は「被害に遭う子は何度も被害に遭うから、気をつけてね」とN子さんに言いました。友達は「N子はかわいいから狙われたんだよ」と話しました。たしかに、父親の目にはN子さんのスカート丈は短く映ったのかもしれませんし、友達の言葉どおりN子さんはかわいらしい女子高生でした。先生の言うように、被害に遭ったことで自分を守る力が失われ、何度も被害に遭う子どももいるのは事実でしょう。しかし、これらの言葉は被害に遭ったのはN子さん自身に問題があるからだというメッセージとして、N子さんには伝わり、ひどくN子さんを傷つけました。N子さんには「また同じような目に遭うかもしれない」と不安にかられ、N子さんは自分を責める日々が続きました。

子どもが二次被害を受ける言動のほとんどが、子どもを傷つけようと発せられた言葉ではなく、むしろ励ましや慰めようとする気持ちから発せられたものです。実際に、子どもたちが「傷ついた」、「嫌な気持ちになった」言葉の例をあげてみましょう。

## 1．二次被害を生みやすい言葉かけと本人の受け止め方の例

大人　「がんばってね」
子ども（今までも十分頑張ってきたのに、これ以上は頑張れない）

大人　「嫌なことは早く忘れようね」
子ども（忘れられないから苦しいのに。忘れられるんだったら早く忘れたい）

大人　「被害に遭わないように気をつけてね」
子ども（私が気をつけていなかったから被害にあったんだ。私の不注意だったんだ）

大人　「いつまでも〈加害者を〉憎いと思っていたらあなた自身がだめになってしまうよ」
子ども（相手のやったことは許せないし、許せたら私もどんなにか楽なのに）

大人　「あなたよりもっとつらい思いをしている人がいるよ」
子ども（つらい気持ちは他人と比べられないのに。被害に大きい、小さいは関係ないのに）

これらの言葉が子どもにとって場合によっては励ましになる場面もあるでしょう。しかし、被害によって子どもは傷つき、他人の言葉にも非常に敏感になっている状態にあります。こちらが励ましたつもりで言った言葉が受け取る側にとっては励ましとは受けとられない可能性

があるので留意したいものです。このような二次被害の言葉の裏には、子どもの状態についてのさまざまな疑問が背景にあります。そこで、疑問のいくつかについて取り上げてみました。

（a）疑問１

同じような被害に遭っても元気な人はいるのに。この子は精神的に弱いから具合が悪くなっているのではないか。

全く同じ被害体験をしても、その人の状況や立場によって受け取り方も異なるのが自然です。たとえば、大人三人が車に乗っていたときに交通事故に巻き込まれたとします。運転をしていた人は自分の運転がまずかったのではないかと、助手席で寝ていた人は自分が寝ていたから悪かったと考える場合もあるでしょう。後ろの座席に乗っていた人は、運転を一人に任せておいたと自分を責めるかもしれません。

また、同じ状況だとしても、大切な家族を亡くしたばかりの人や経済的に困窮している場合などは別のストレスを抱えているため、新しい被害体験に脆弱になりやすいことも考えられるでしょう。いずれにしても、忘れてはならないのはこれらが本人の責任ではなく、むしろ精神的に弱いからだという考え方が子どもに自責の念をもたせ、回復を遅らせてしまうということです。

（b）疑問２

子どもが「同じ被害にあった人でないと自分の気持ちはわからない」と言っている。何と答えたらいいのだろうか。

悲惨な体験をした子どもは、苦しみが大きいあまり誰にもわかってもらえないのではないかと、孤立感を感じやすくなります。子どもの気持ちに配慮した言葉かけが必要です。私は「人に自分の気持ちがわかってもらえないと思うほど、苦しいのですね」と伝えることもあれば、黙って聞いているだけの場合もあります。

被害にあった子どもの苦しむ姿を目前にすると、何か答えてあげなくてはいけない、何かをしてあげたいという気持ちに駆られることがありますが、だれかが側についているだけでも支えになる場面もあります。ある子どもは先生と性被害について話したとき、ある人が何も言わず、雨のなかをぬれないようにずっと傘をさしてくれていたことが印象に残っていると話していました。

### (c) 疑問 3

子どもが不登校になったが、いつになったら登校できるのだろうか。それまでに、家庭訪問をしたほうがいいのか、それとも何もしないほうがいいのだろうか。

学校の先生から多く寄せられる質問です。まず、初めに検討すべきことは、被害に遭う前から不登校が続いていたのかどうかです。被害前から不登校が続いていたのであれば別の問題を考慮しなければなりませんが、被害に遭ってから不登校になったのであれば、被害から回復するにつれ自然に登校できるようになるでしょう。そのため、周囲が焦らずに子どもを見守りつつ、被害のケアをしていけばいいでしょう。

家庭訪問をした方がいいかどうかについては、もちろん子どもの状態や時期によって異なります。先生とは顔を合わせなくても家に来てくれることで嬉しいと感じる子もいれば、負担に感じる子もいますので、家族と連絡を取り、先生がどのように動くことが子どもにとっても一番いいのかを相談しながら進めていきましょう。電話連絡や家庭訪問をしないことが「何もしないこと」のように受け取られる場合がありますが、その際は期限を区切って「ここ二週間は連絡をしない」と家族と取り決めておきましょう。子どもの様子を的確に見極め、経過を客観的に観察することが大切です。

### (d) 疑問 4

虐待を発見したら子どもにどの程度、事情を聞くべきか。

性虐待を受けている子どものなかには、他の子どもの前でマスターベーションを行う、自分の受けてきた行為を他の生徒に見せたり強要することがあり、また、子どもの絵のなかに性行為が描写される場合があります。その際には、性虐待の可能性を疑いつつも、性虐待の行為を確認する作業には細心の注意が必要です。もし、子どもから性虐待の話を聞いたなら、疑いの段階で児童相談所や警察に通報や連絡をしたほうがよいと思われます。なぜなら、その理由の一つに、子どもを守る立場の人が事実を確認すると、思わぬところでデメリットが生じることが多いからです。家庭内で大人が子どもに性虐待を行っている場合は、大人が性虐待を認めることは非常に稀です。母親が父親の子どもへの性虐待があったことを知りつつ父親をかばっている状態であれば、なおさら父親は事実を自ら告白したりはしません。逆に、性虐待の事実を隠そうとして、親が学校や警察に怒鳴り込んだり、「虐待だと疑われたことで傷ついたから裁判所に訴える」と苦情を言うなど、脅しを用いることで問題の矛先を変えようとするケースもあります。多くの場合、親と子どもの言い分が異なるわけですが、両者にどのように説明し確認するのかなど、複雑な対処を求められるのです。そして、これらの対応に振り回されると、子どもを保護したり、子どもの対応に十分に力を注げなくなります。

もう一つのデメリットとして、子どもに学校、児童相談所、警察などで何度も同じ話を尋ねるのは、子どもに多大な負担を強いるだけではなく、情報の混濁《こんだく》にもつながります。菱川（二〇〇七）によると、情報混濁《こんだく》とは、「子どもの出来事に対する記憶が影響を受ける可能性のこと」を指しており、特に、司法の場面では親やさまざまな機関の人たちが同じ事を繰り返して聞くと、子どもの記憶が混乱してしまい、事実の認定が難しくなってしまうと考えられています。さらに、家庭や児童相談所、児童福祉施設などの子どもが暮らす場面、司法面接場面といずれの場所、場面でも情報混濁《こんだく》を起こしうる要素があると指摘しています

## 事例㉓　男児の性被害への対応例

小学生のO君は、トイレの中で見知らぬ年上の男の子から性的ないたずらをされました。母親は、O君には出来事のことを思い出させたくないからとの理由で母親が一度のみ来談し、家庭の中でO君とどのように接したらいいのかについて相談したいといいました。どうやらこの事態について家族の中では誰も触れないようにしており、そのことが家族間での緊張を生み出している様子です。また、O君が大好きなスポーツをしている最中に起きたことであり、母親はO君が今回の出来事のために大好きなスポーツまで失うのではないかと危惧し、それに、親がトイレの中までついていけばこのような事態になっていなかったのではないかと、後悔していると話しました。その後、O君は就寝中に悪夢でうなされたり、おねしょをすることが続いたそうです。さらに、O君から事実を聞き出した両親は、頭が混乱し思わずO君に対して「どうしてそんなことになったんだ」と怒ってしまったこともわかりました。

このように、子どもが被害に巻きこまれたことで親がショックのあまりパニックに陥り、思いもよらず子どもを叱りつけてしまうことがあり、家族の間でもお互いに相手を責め合う事態に発展することさえあるのです。親が子どもを思えばこその心配でもあったわけですが、両親の怒りの裏側には安全だと思っていた場所で起きたことへの怒りがO君に向けられたように感じます。また、O君の両親は怒った行為の意味に気づいているわけですから、むしろ、家族が自責感を少なくしていけるように援助していくほうが大切だと思いました。

被害に巻き込まれた子どもや家族は、自分がこうしなかったら起こらなかったことなのにと各々が自分を責めてしまいがちです。その自責感が自分は無力な人間だとの思いに変化し、その後の対処に力を発揮できないことがあると感じます。さらには、祖父母や親戚の人なども両親の目が届かなかったことを責めることで、結局は子どもや家族の自責感を増長させてしまうため注意が必要です。

O君の母親とは、母親自身も出来事のことを思い出したくないのに来談してくれたのはなぜかについて話し、O君への思いが叱り付けることや出来事の話題に触れられると対処の仕方に自信がないために不安になることを確認しました。それから、悪夢やおねしょは一時的に認められる自然な反応であるとの説明を行い、O君から出来事や性の事柄についてされた場合はどう答えたらよいか、また、O君と家族が安心して暮らすためにはどんなことをしたらよいか等について意見を交換しました。その後、母親と父親で相談をし、専門家の力を借りなくても生活できるようになりました、両親も出来事について話したらいいのか話さないほうがいいのかについて悩むことが減ったそうです。

O君の出来事に限らず男児が性的な被害に遭うことも実際にはあるわけですが、特に本人の屈辱感や家族の自責感と恥の意識が強く、周囲の人びとも同性を対象とした　特別視する場合もあるせいか、本人や家族が援助を求めにくいのではないか心配されることもあります。

# 当該機関の性虐待の援助の現状と課題

## A　事実の認定と精神的援助について

警察は法律によって犯罪を捜査する機関であり、その活動は警察法によって定められています。本来の機能は事実について客観的な証拠を揃えたり確認することです。そのなかで、精神的な支援を目的として動くカウンセラーは、自分の役割や立場を認識しておかなくてはなりませんし、バランス感覚が求められます。

まずは、子どもや家族との出会いについても、他の機関と比べて特殊な場面があります。すなわち、警察署の担当者が子どもや家族の状況をつぶさに観察し、カウンセラーによる対応が必要であると認識しなければ、カウンセラーにかかることはありません。出来事が起きてまもない段階では感情の麻痺や解離などの反応が起こっている場合もあり、担当者がそれらの反応を見逃したり、むしろ「元気である」と誤解する場合も多いのです。また出来事の直後の子どもや家族は、カウンセリングに抵抗を感じる場合も多くなります。カウンセリングを勧められると「自分は病気になったのではないか」と感じやすいため、心理教育の場をどう勧めるか、カウンセラーの必要なケースをどう見極めていくかが課題になります。警察の内部で、専門職の仕事が周囲から理解されること、カウンセリングや精神的な援助が子どもたちや関係者、警察官にとっても有意義なことであると認めてもらう必要があるでしょう。

もう一つの課題としては、警察署や捜査担当者と家族の関係がそのままカウンセリングの場にもち込まれることがあげられます。たとえば、事件の直後から捜査担当者が個人の携帯電話を使って被害者や家族と連絡をとりあっている場合などは、自然とカウンセラーとも同じようなやり方で付き合うのだろうと受け止められてしまうことがあります。このときは、新しいカウンセリングの〈場〉を再調整することから始めなければなりません。なお、捜査担当者が抱くカウンセリングのイメージもさまざまであり、カウンセラーに期待することも「一緒に食事でもして話し相手になって欲しい」から「子どもや家族が困ったときにカウンセラーが携帯電話ですぐ連絡を取って、親身になって聞いてやって欲しい」という類のものまであります。

このため、子どもと会う前に捜査担当者とのギャップを埋めることには、心を砕きます。多くの場合において、捜査担当者自身が、事情聴取をしたら子どもがパニックになった、大声で叫びだした、夜泣きをするようになった等、被害事実について詳細な話を聞き出すことが子どもに大きなダメージを与えるため、不安に感じることもあります。そのため、捜査担当者の背景となっている不安や恐れ、さらには加害者への怒りの感情についてコミュニケーションをとるように心がけています。警察での危機介入場面においては、これらの捜査担当者との調整を図ることが、子どもの被害について多方面からの援助に役立つと思われるからです。危機介入の段階ではカウンセラーが単独でできることには限界があり、また、被害を受けた子どもについて、単独で援助できる部分は意外に少ないのが現状なのです。

# B 関係機関との協働について

さまざまな機関・職種の人びとが協働することは容易なことではありません。しかし、異なる役割をもつからこそ多角的な視点から虐待をとらえることができるというのが筆者の実感です。ここでは、組織の内外に分けて協働について述べたいと思います。

## 1．組織内での協働

警察では、常に緊急の事態に備えるために警察官に関する指示系統が明確になっており、そのため業務は縦割りに編制されています。

たとえば、警察で性虐待にかかわる場合、①交番に子どもが駆け込んだり家出について事情を聞くのは地域課、②未成年の子どもにかかわる相談や関連機関との虐待防止会議は生活安全課、③性犯罪として被害届を受けたり加害者への事情聴取を行うのは刑事課、がそれぞれ担当すると言った具合です。これらの仕組みは責任が明確化されるという利点があります。しかし虐待等の複雑な問題にかかわる場合は、違う課同士が情報を共有し共通の認識をもつために奔走しなければなりません。

## 2．組織外での協働

これまで述べてきたように性的な虐待は家庭に限らず、学校や地域にも起こり、加害者も多様です。さまざまな要因が複雑に絡み合っているため、精神的援助のみで対応できることは限られ、一つの機関でできることも限定されます。

筆者自身も出来事の悲惨さに目を奪われたり、加害者への怒りが湧いてきて、ケースの大切な部分を見落とすことや、限られた方法しか思い浮かばないことがありますが、そのようなときに、情報を共有化しながら違う角度からの視点を提供する人がいることはありがたいことです。性虐待に働きかけた結果として悲惨な事態にいたってしまった場合、とかく個人や機関の責任を追求しがちですが、むしろ、協働するには何が必要であるのかを常に心のなかに留めておきたいと思っています。各機関の連携の鍵になるのは、子どものために何ができるか、という考えと行動力でしょう。子どもと家族にどのような援助をしたらよいかについて共通の認識を持ち、援助のあり方を再考していく必要があります。

## C 性虐待の加害者への対応

性犯罪、特に知人間でのレイプや虐待においては加害者（司法ルートにより容疑者、被告人と呼び分けますがここでは加害者に統一します）が自白することは少なく、特に家族間の性虐待では加害者は事実を認めようとしません。そのため被害者から客観的な証拠を提供してもらうことが重要になります。出来事が起こった状況を確認し、現場で写真を撮影し、被害の場面を実際に警察官が再現し確認するほか、医師の診断書や証拠品の提出が求められます。一般的には、被害届けは簡単に出来ると誤解されていますが、実際の被害届けは、日時、場所、状況や証拠品について詳細に話をすることが必要になります。

このように、加害者を逮捕するための手続きで、被害者には精神的な負担がかかりやすい状況ですが、現状では、加害者を法的に拘束するためには、警察で逮捕する以外の方法はありません。

加害者は警察で逮捕された後には検察庁に送致され（警察庁の管轄）、検察官による状況の確認が別途行われ、事件として裁判所に起訴するかどうかが検察官によって決定されます（検察庁の管轄）。その後、起訴されれば裁判が実施されることになります（裁判所の管轄）。さらに、裁判官より懲役や禁固などの刑が言い渡されれば、刑務所に送致されます（法務省の管轄）。ただし、加害者が少年（二〇歳未満）の場合には、警察から家庭裁判所に送致され、必要に応じて少年院に送られます（検察庁に逆送される場合もある）。このように、加害者が逮捕されて司法のルートに乗ると、警察庁から検察庁へ、検察庁から裁判所へ、裁判所から法務省へというようにさまざまな機関がかかわってきます。

近年、裁判における被害者の意見陳述が認められ、法廷とつながれた別室にてビデオリンクでの証言が行われるようになりました。しかしながら、被害者側では事件や加害者のことを想起することにも恐怖心を強く感じます。裁判の日にちが迫ると眠れない夜が続き、緊張もピークに達するなど、被害者側の抵抗や負担感は非常に大きいものです。そのため、被害者側が意見陳述や証人出廷を断る場合も多々あり、加害者が被害者の声を聞く場はほとんどないと言っても過言ではありません。

さて、最後に性犯罪を犯した加害者の矯正についてですが、矯正は刑務所や少年院等の施設にて行われます。施設内では、加害者の生活はコントロールされ、さまざまな処遇が行われますが、性犯罪に関することに関しては処遇上の困難さが指摘されています。

藤岡（二〇〇二）によれば、現在の日本では性犯罪者のための特別な処遇はほとんど行われていないのが実情です。一部の少年刑務所あるいは少年院において、実験的に試みとして開始されています。近年では、矯正施設や保護観察所において、認知行動療法を用いて、性犯罪者の認知を変容させる試みやグループワークの実施など、新たな工夫が行われるようになってきています（外川〈二〇〇七〉、西岡〈二〇〇七〉）。ただし、社会における性犯罪者のためのプログラムの提供は十分ではなく、性虐待の問題は家庭および社会への働きかけこそが必要であり効果的でしょう。

近年、加害者の矯正を目的として、被害者が語る話を聞く場や、被害者と加害者が対話する機会を設けるなどの教育的環境が整備されつつあります。加害者に犯罪の責任を負わせることや被害者の心の痛みを理解させる問題は、厳罰化のみで解決するものではないと思われます。

ただし被害者の語りや許しは被害者自身によって選択されるものであり、被害者自身の自然な変化として起こるべきものです。加害者の謝りたいとの考えと被害者の許せるはずがないとの心理には大きな差があり、被害者による語りに関して、専門家は慎重に考える必要があるでしょう。

# 第Ⅱ部のまとめ

第Ⅱ部の最後に、行政が性虐待に果たす役割について触れたいと思います。

まず考えられるのが、「統計の重要性」です。

わが国では、犯罪白書などの統計が子どもの性虐待を固有のカテゴリーとしてあつかっていないため、その実数が非常に分かりにくくなっています（子どもの性虐待事件の件数は、大人を含めた性犯罪件数のデータのなかに含まれることになります）。二〇〇三年度の警察白書によれば、子どもの強姦被害は約九〇〇件、強制わいせつは約五、五〇〇件、略取誘拐事件は約二〇〇件、児童売春・児童ポルノ法違反被害児数は七、三〇〇件、他に準強制わいせつ、公然わいせつ、青少年保護育成条例違反の被害件数などの統計はバラバラに表記されているため、一目ではわかりません。

統計に挙がってくる数字には暗数があると予想され、性虐待の実態は一〇倍〜二〇倍とみる専門家もいます。人口がわが国の二倍あるアメリカ合衆国の発生数は八万〜九万件と見積もられ、それに対する日本の発生数八二〇件は不可解なほど低値であると考える専門家もいます。平成一六年に大阪市で一〇〇人の女子を強姦した男が逮捕され、奈良県では少女一二〇人にわいせつ行為を繰り返した男が逮捕されました。彼らと同じような犯罪者が逮捕されずにいる可能性を、私たちは考えてみる必要があります。

性虐待の多くが親告罪であることも統計に影響していると思われます。強制わいせつ罪、強姦罪、未成年者略取・誘拐罪、などの性犯罪の多くが親告罪です。親告罪は本人や家族からの告訴がなければ司法のルートにのらず、事件としてあつかわれません。犯罪白書によれば性犯罪の被害申告率はわずか一四・八％です。八五％もの被害者が被害の申告をしない事実からは、わが国における性的被害に対する社会的なタブーが非常に強いことがうかがい知れます。ちなみに親告罪であることを理由に不起訴処分になった事例の数は、平成一五年度は四、三〇〇件ありました。この数は一〇年前の二・二四倍です。

今般の法改正においては、児童家庭相談が市町村の責務になる点、児童相談所は後方支援と司法介入のケースを担っていく点がより鮮明に打ちだされました。そして警察署による児童虐待への関与がより強化されました。当然、警察権が強化されることとプライバシーなどの基本的人権の尊重のバランスを如何にとるかという問題が出てきます。しかし、性虐待は非常に隠蔽されやすい犯罪です。一度起きてしまえば個人の一生に取り返しのつかない被害をもたらすことを考えると、性虐待の防止・抑止のために強制介入の色彩が強まっても、子どもや家族の人権保護上やむを得ない場合も出てくると思われます。

性虐待の件数が増えるにつれ、行政側の人びと自身の問題も出てきています。現在、福祉や司法の臨床家の間で、バーンアウトいわゆる「燃え尽き」が頻発しているという話しを聞きます。非常に過密なスケジュールに加え、司法ルートにのせる際に生じるジレンマが大きなストレスになるそうです。司法・福祉の臨床家は司法ルートにのせることを目的とするわけですが、大半の子や家族は事件を司法の場にもち出すことを望まず、訴えをとり下げたり相談をうち切るケースが続出します。担当する臨床家は強い徒労感に襲われ、離職ないし休職する人が後を絶たないそうです。

第6章でも〈協働〉というキーワードが出てきますが、みえない虐待と呼ばれる性虐待に対してどのように連携し対処していくのかは、性虐待の援助をする人すべてにかかわる問題と言えるでしょう。

# 第Ⅲ部

# 援助

## ——民間医療における援助論

# はじめに

第Ⅲ部では、性虐待の被害者を援助する側からの報告をみてみましょう。執筆は精神科病院の精神保健福祉士（ＰＳＷ）と民間の心理相談室の臨床心理士が担当してくれました。筆者はともに子どもの性虐待の援助機関としてわが国の代表的な二つの機関で援助に当たっています。

また現在、子どもの性虐待の援助に関してはＣＡＰ（Child Assault Prevention――子どもへの暴力防止プログラム）やＣＭＰＮ（Child Maltreatment Prevention Network――子ども虐待ネグレクト防止ネットワーク）などの民間支援団体が地域で勢力的に活動を繰り広げており、それらの活動の実績は規模も活動内容も無視できない量になってきています。

# 第7章

# 専門病院における性虐待被害者とのかかわり

板倉康広（ソーシャルワーカー）

## A 概要と治療対象の範囲

### 赤城高原ホスピタルについて

群馬県は山に囲まれた自然の豊かな土地です。赤城、榛名、妙義の三つの山を上毛三山と呼び、当院はそのうちの一つ、赤城山の山麓にあります。眼前には榛名山がのぞめるのどかな風景が広がり、交通手段は主に車で、関越自動車道の赤城インターを降りて数分という立地にあります。隣りにゴルフ場があり、徒歩三十分圏内にかろうじてコンビニエンスストアが二軒と数軒の飲食店、農協の直売所がありますが、後は林と農地が広がるばかりです。このような環境のなか、当院は平成二年にアルコール・薬物問題の専門病院として出発しました。

病床数は一〇七、うち九床が保護室を含む閉鎖病室ですが、他はすべて開放病棟になっています。男女比率はここ数年女性が急増傾向にあります。女性が四割を下回ることはほとんどなくなりました。病棟はナースステーションを挟んで左右に広がり、男性病棟、女性病棟に分かれています。各病棟にはスタッフ以外の異性は入ってはならない決まりになっていますが、それ以外のデイホールや体育館などでは和やかな交流が見られます。年齢層は近年若年化が著しく、二〇歳～三〇歳代を中心に一〇代の入院も数例見受けられます。

治療対象は嗜癖全般ですが、入院に関してはアルコール・薬物問題の本人またはその家族に限ります。親世代にアルコールや薬物の問題があり、自身は摂食障害で入院治療を受ける、といったケースもあります。ただし、当院は精神科単科であるため、極度のやせ状態や重度の他科疾患には対応ができません。そういった状態の場合には「体重何キロ以下になったら退院」という条件がついたり、他科での治療が落ち着いてから来院して頂くことになります。最近はアルコールのみ、薬物のみといった単一嗜癖のクライアントが減り、複数の嗜癖を抱えている人や、自傷行為や自殺未遂、解離症状など、困難で激しい症状をあわせもつクライアントが増加してきており、問題が多様化しています。

依存症専門の病院は少ないこともあり、関東をはじめ全国から電話相談や来院があります。当院のホームページを見て訪れる方がもっとも多く、その他、自助グループの仲間から聞いたり、テレビや新聞で知って、という方も少なくありません。もちろん福祉施設や医療機関、保健所、福祉事務所、精神保健福祉センターなどの公共機関などからの紹介もあり、当院にたどり着く経過もさまざまです。都内の外苑神経科でも当院院長の外来があり、遠方の方は多くの場合、そちらを経由して訪れます。

## B　治療の特徴

当院のホームページでは、治療について次のように述べています。

「当院では従来の人格障害モデルの治療に加え、教育的治療、家族療法、認知行動療法、自助グループの活用といった嗜癖治療モデルを併用しています。具体的には本人と家族に十分な情報を与え、家族の集団療法を行い、クライアントの回復レベルに合わせて助言を与え、自助グループを育成し参加を勧めるなどの治療を行っています。向精神薬に関しては、処方薬依存に充分注意して必要最低限しか使わないようにしています」

依存症は俗に〈否認の病〉と呼ばれ、依存症者が病気を認めず、その周囲の人が巻き込まれていくという特徴をもちます。対応に悩み、疲れ果てて家族が相談にきたり、なかには本人を騙したり、半ば無理やり病院まで連れてくることもあります。そういった状況では、「本人が来ないとどうしようもない」とか「本人にやる気がでるまで待ちましょう」などと言ってもあまり意味がありませんし、嫌がる本人に無理やり治療を施しても拒絶されたり、病院に対し嫌な印象を持たせてしまうことの方が多いでしょう。そのため、嗜癖の治療においては、援助を必要としている家族に焦点をあてることが多くなります。言い換えるなら、援助を受けるモチベーションのある方に焦点をあてるのです。

こうした事情から、当院で治療を受ける人のほとんどは医療保護入院ではありません。多くても年間数件といったところです。これは〈困っている人から治療につなげていく〉という、嗜癖モデルの治療を専門に行う当院の特色の一つです。

困難な状況にいる家族の話に耳を傾け、共感し、一方で情報を提供しつつ依存症者への対応を変えていく援助を行う。このプロセスは、周囲の人が問題に巻き込まれることを回避しつつ、問題の所在を明確化・直面化させることでもあります。そしてそれは否認している依存症者に自身の問題を見つめなおしてもらうプロセスでもあります。たとえば依存症者である夫の暴力が怖くてお酒を買ってきてしまう妻に、「暴力からは逃げてよいのですよ」と助言します。妻は恐る恐る暴力を振るう夫から逃げていきます。逃げることで暴力被害は回避されます。そしてそれは夫に「暴力を振るう人とはお付き合いできません」という意志を突きつけることでもあるわけです。

こうした一連の経過のなかで、家族は傷つけられた自尊心を回復し、危機回避能力を発揮したり、夫との関係で疲れた自身をケアしたりと健康を取り戻していきます。そして多くの場合、そのような家族の変化により、依存症者も自身の状況についてなんらかの困難や援助の必要性を感じるようになり、自ら治療の場に訪れます。こうした家族へのかかわりは当院の大きな特徴の一つとなっており、週四回の家族のグループ治療が行われています。

グループ治療も主要な治療の一つです。当院におけるグループ治療は大きく分けて、体験を語りあうものと講義形式のものがありますが、後者でも必ず体験を語り合う時間を設けています。同じ病気をもつ、あるいは似たような状況を抱える仲間と語り合う体験は「悩んでいるのは自分だけではない」という共感や安堵感、解放感を与えます。また自身より先にグループに参加し、状況を変化させているように見える、いわゆる〈先行く仲間〉の存在は回復の希望を与え、変化のモデルとして大きな影響を与えます。

当院では先に述べた家族の治療グループの他、入院治療プログラムとして朝晩毎日疾病別に行われている当事者グループや、週三回から四回ほどスタッフが参加する集団療法などが行われています。その他にも万引き盗癖ミーティングなど治療者の呼びかけやクライアントの希望から生まれたグループ、当事者から家族や関係者に体験談を話すメッセージ・ミーティングなどがあります。また、院外の自助グループに参加することも可能です。

こうしたグループで得られる自己洞察や気づきは医師との精神療法やソーシャルワーカーとのあいだで行われるケースワークなどの個人面接の場にも相互的に影響していきます。個人面接は極めて多く、外来を含めて八室ほどある面接室は、ほとんど休む間もなく使われています。また、ナースステーションでもしばしばクライアントが話しこむ姿が見られます。こうした自身について〈語る〉体験が多くあることも当院の治療の特徴となっています。

モチベーションのある人から治療につなげ、グループや〈語る〉体験のなかから自己洞察を深めていく当院の治療は、入退院をくりかえしながら展開していくことがほとんどです。いつでも治療に参加でき、また退院できる安心感は、次の入院への橋渡し的な役割を果たしていきます。〈否認〉と戦い、長い経過から習慣化した行動様式を修正していく依存症の治療は、「自分のこのやり方ではうまくいかない」という手痛い経験のなかから治療動機が生まれ、自己洞察を深めていくプロセスをたどります。クライアント自身が自ら考えて行動し、それを見守りつつ、一緒に考えていくことは、どこか〈家族的〉な雰囲気をつくっているようです。そうした家族的な雰囲気も当院の治療の一側面といえるかも知れません。

# 赤城高原ホスピタルにおける性的虐待被害者とのかかわり

ここからは当院における性虐待被害者へのかかわりや考えを述べていきたいと思います。いくつかの虐待被害者の声を交えながら解説します。なお、文中に登場する「虐待被害者の声」はプライバシーに配慮し、個別の事情や状況の一部に手を加えたうえで当院のホームページ上に公開しているものから引用しました。

## A 性虐待被害者の概要と登場の仕方

くりかえしになりますが、赤城高原ホスピタルはアルコール・薬物問題の専門病院であり、治療対象には明確な線引きがあります。すなわち、当院においては依存症治療の延長上において虐待の問題が語られるという特徴があります。

**［自分自身を守る術も力もありません］**

突然ですが、助けてください。なぜこんな恐ろしい子がこの世にいるのか、そしてそれが私なのか、信じられない思いです。さっきまで穏やかにしていたのに、いきなりどなったり、泣き叫んだり、自分で自分をコントロールできません。いつも耳栓をしているような不快感。ずっと生きている気がしなくて、半ば夢のなかにいるような気分でした。私は自分自身を守る術も力もありません。お酒を飲んで麻痺しているときだけがほんの少し楽です。助けてください。（一八歳、暴力、性的虐待被害者、アルコール依存症）

**［性的虐待と自傷行為］**

母が再婚して、半年もしないうちに、義父からの性的虐待が始まりました。母がパートに出かけている昼間、不登校で引きこもっている私の部屋に義父がニヤニヤしながら入ってきて、黙って体に触り始めます。私は恐怖で頭がボーとして、体が硬直して、声も出なくなります。義父は、「不感症はかわいそうだなあ」とか「治してやらなきゃなあ」とか言いながら、胸や下腹部を触り、指を入れてきます。義父は立たないのです。義父の虐待は私の自傷行為がひどくなって、両腕と左足と乳房が傷だらけになるまで、一年半続きました。義父の目の前で自傷をするようになって、やっと解放されました。（一八歳、女性）

性的虐待の被害者は多くの場合、アルコール・薬物の乱用や依存、摂食障害、ＰＴＳＤ、万引きや盗癖、恋愛・セックスの依存、自傷行為（大部分が手首から前腕にかけての切傷）や自殺行為（大部分が大量服薬）の常習者、パニック障害、解離性障害、その他さまざまな嗜癖問題の本人として我々の前に登場します。これらの問題は大抵重複しています。虐待の辛さや苦しさから逃れるためや、自己防衛からアルコールや薬物、摂食障害、自傷行為などの嗜癖問題が始まり、くりかえされるなかで手放せないものとなっていきます。

序章の秋子の事例（事例⑬）を思い出してください。秋子はアルコールと薬物の同時摂取と食べ吐きを繰り返しています。この記載だけでははっきりしない点も多々ありますが、少なくとも秋子にもアルコール・薬物問題と摂食障害の問題があると言えるでしょう。これは虐待と嗜癖問題のつながりを表わす分かりやすい例の一つだと思います。

秋子の場合は虐待の結果として嗜癖問題が表われましたが、アルコールや薬物の問題を抱える機能不全家庭のなかで虐待が起こることも多々あります。

**[理想の娘？]**

私は近所でも評判の〈良い子〉でした。酔った父の介抱、いつも悲しそうにしている母のカウンセラー、幼い弟妹の養育を一人でしていました。学校の成績も良くて、両親の自慢の種、〈理想の娘〉でした。

小学五年のとき、父がアルコール専門病院を受診しました。母が私のことを自慢してカウンセラーに話しました。「この子は、とても優しくてよく気がつく良い子なんです。父親が酔ってふらつくときには、トイレに連れて行って、おちんちんを支えて、周りにこぼさないように気をつけながらおしっこさせるんですよ」〈えっ、何ですって？……〉。それはいつごろからですか？〉「小学三年ごろからです」。

私は、酔って卑猥な冗談を言う父親をなだめて、おしっこさせることを自分の仕事だと思い、誇りにしていました。両親も私も、それが虐待だとは、知りませんでした。

右の女性は、アルコール依存症の父をケアする生活のなかで、自覚なく被害に遭っていました。幼少期の性的虐待はその行為の意味を理解できず、くりかえし起こることも少なくありません。そういったケースは、後々その行為の意味合いが理解されてクライアントに苦痛を与えたり、治療が進む過程で虐待だと初めて意味づけされたりします。

性虐待被害者は当院入院以前に精神科病院の入院をくりかえしていることが多く、その過程でアルコールや薬物の依存症、摂食障害などの病気に加えて、〈人格障害〉〈ヒステリー〉〈境界性人格障害〉〈自己愛性人格障害〉〈非定型精神病〉などの診断がつきます。また極めて衝動的で情緒不安定であるため、大量の向精神薬を処方されていたり、長期間保護室に入れられていたりします。幼児期から思春期前後にかけて被害を受けていることが多く、われわれは「幼少期のトラウマ体験をもつ外傷性精神障害者」というとらえ方を重要視しています。

性被害・性的虐待の可能性を判断する材料としては、

自身の女性性（あるいは男性性）を否定するような極端な服装、肥満、激しいやせ状態、繰り返される自傷行為や自殺未遂、中絶、風俗産業や売春・援助交際、刹那的または破壊的な異性関係、アルコール・薬物などの若年からの利用、解離症状などがあげられます。

## B 性虐待被害者とのかかわり

### 1. 安心感の確保

性的虐待の事実の多くはなかなか語ることが出来なかったり、話しても受け入れてもらえず、さらに傷つけられた経験となっていることが大半です。

**［四年前に来たかった］**

長女は中学時代からすでに過食嘔吐にはまっていました。一七歳のとき、どこからか赤城高原ホスピタルの名前を聞いてきて、ここに入院したいと私（母）に言いました。でもアル中の父からの性的虐待というおぞましい話を家の外に持ち出すのが怖くて、長女の要求を無視しました。四年後、アルコール乱用、薬物依存、売春、自傷行為、自殺未遂でボロボロになって、瀕死状態の娘をホスピタルに連れてくることになりました。「四年前に来たかった」と言って泣く娘を見ると、胸をかきむしられる想いです。私の勇気が足りなかったのです。かわいそうなことをしました。（性的虐待被害少女の母）

**［両足をもぎ取られた気分です］**

幼児期から小学校卒業時まで実父による性的虐待を受けていました。挿入やフェラチオもありました。高校のとき、母親に話したけど、まともに取り上げてくれませんでした。両親に両足をもぎ取られた気分です。父親の性的虐待で片足をもぎ取られ、母親の拒絶で残った片足を失いました。（摂食障害・アルコール依存症・覚せい剤乱用・万引盗癖・売春・自傷行為・自殺行為・解離症状、二三歳、女性）

**［子供のくせに］**

よちよち歩きのころから、父のマスターベーションの手伝いをしていました。八歳ころには挿入を含むセックスをして、父を喜ばせることができました。母は父の虐待を止めるのでなく、「子供のくせにませた女だ」と嫌味を言いました。（アルコール薬物乱用・解離性障害、自殺未遂五回、二五歳、女性）

クライアントのなかには自身の虐待被害について口を閉ざし続けてきた人も少なくありません。被害を語ることが家族を傷つけ、崩壊させるかもしれないという恐れから虐待の事実を語れずにいることもあります。また、虐待について語ったとしても、まともに取り上げられなかったり、無視をされたり、「ませた子だ」と被害者が悪いことになってしまったりする例も少なくありません。

虐待や暴力被害にあった人は非常に不安感・不信感が強いことがほとんどです。それは被害体験による対人恐怖や人間不信だけではなく、このような体験がクライアントを孤立させ、あるいは被害者である自身を責め、罪悪感を植えつけてしまうためでもあります。

さらに幼児期の性虐待は、必ずしも暴行や脅しをともなうとは限りません。幼児は刺激によって性的興奮や快感を体験し、あるいは親密な人間関係を得たいがために、またはその関係を壊すことを恐れて、しばしばそのような身体的接触の機会をもち続けようとします。そしてその時点では、それを苦痛と感じていない場合もあります。

### ［虐待の訳］

物心がついたころには父のマスターベーションの手伝いをさせられていました。小学校に上がったら父に「かわいい、かわいい」と言われるのがうれしくて、自分から積極的にフェラチオをしていました。三歳になった私自身の長男のおちんちんを見ていたら、急にそのことを思い出して、寒気がしてきました。子どもを虐待するようになって、ホスピタルを受診しました。男の子をどう育てたら良いのか、わかりません。自信がありません。（ＰＴＳＤ、二五歳、女性）

自分の体験の意味が分かるにつれて、被害者はその事実を恥じるようになり、苦しむようになります。それはその体験が本来起こってはならないことで、自分の身体が尊重されず、自他の境界が侵略され、他人の欲望のために自分の身体が使われ、興奮させられ、それを受け入れざるをえなかったということが、心の傷になるためです。加害者が親か親族の場合には、信頼すべき人に裏切られたという絶望的な思いも加わります。

クライアントが被害を語り、心情を吐露することは容易なことではありません。治療初期においては安全な治療場所を確保することに全力を注いでいます。辛抱強く安心して語れるような信頼関係を築き、こちらが話を聞く準備ができていることが伝わるのを待つことも援助であると思います。

虐待被害者が安全な環境で自身の傷ついた心情を語り、怒りをあらわにし、悲嘆することは、抑圧され麻痺した感情を呼び起こすために重要ですが、とくにアルコール乱用や薬物乱用が続いている状態では深層心理をあつかうような精神療法は馴染まず、嗜癖治療を優先することが原則です。虐待被害者にとって、のめりこむことができるさまざまな嗜癖は、辛さや苦しさを麻痺させる役割を果たしますが、反面、問題を深刻化させるリスクも高くなります。

人間関係に対する強い不信感や不安、恥じる気持ちはクライアントの口を堅く閉ざします。安全な場所を確保し、信頼に基づく治療関係を育み、一方でこれまでクライアントが行ってきた自傷行為などの破壊的行動を予防するだけでも大変な仕事ですが、個人療法に加え、集団療法、家族療法、自助グループなど、使えるものをすべて使い、辛抱強く患者のアクティングアウトに対処します。トラウマについて取り組むのは大抵こうした安全確保を行った後になります。

## 2. 家族との関係

家族との関係もまた、かかわりの難しいところです。とりわけ家族のなかに加害者がいる場合は、大変困難な状況が生まれます。

性的虐待があったという情報は家族に激しい混乱と葛藤を巻き起こします。それはしばしば家庭を崩壊させるほどです。クライアントには「わかってほしい。認めてほしい」という保護や愛情を求める気持ちと、「私のせいで家族が壊れる」という恐れや罪悪感、理解されないことによる家族への憎悪が生まれます。クライアントは愛憎という相反した両極端な感情を家族に抱いていることがほとんどです。

治療の多くは、繰り返されるクライアントの嗜癖問題に振り回され、どう対応してよいのかわからなくなった家族が、クライアントよりも先に訪れる形で始まります。家族もまたクライアントに対し、回復を願いながらもその理解に苦しみ、時には憎悪します。どうにか問題を収めようと脅したり、説得したり、クライアントをコントロールしようと躍起になったり、逆にクライアントが怖くて機嫌をとるためにお酒を買い与えたり、繰り返す借金の穴埋めをしたり、過食に使われることを知りながら多額のお小遣いを与えたりと、病気の手伝いをし続けます。

「わかってもらえなかった」「関心を向けてもらえなかった」体験をしているクライアントにとって、病気になることでやっと向けられたこれらの関心や親の行動の変化は、さらに病気を手放しがたいものにしていきます。自傷行為を含む嗜癖行動は、家族にやっと心配してもらえたり、先の〈性虐待と自傷行為〉の事例にもあるように、自身を傷つけることで虐待から解放されるなど、自己防衛や自己主張の手段になっていきます。そのため、クライアントが自傷行為を正当化したり、権利として主張することは治療場面でもしばしば見られます。こうした経過のなかでクライアントの病気は深まり、家族は振り回され続ける構図が築き上げられます。

家族の治療プログラムは、病気を通じておきている不適切な関係を見極めて変えていく作業です。クライアントの多くは、家族に対して「言ってはいけない」「わかってもらえない」といった不安や不信をもっています。病気は「伝えたい」「わかってほしい」というメッセージでもあります。こうした理解は、今までの家族関係を見直すきっかけとなります。

### 【娘に申し訳ないと思うばかりです】

一八歳の娘に、「キューリを膣に突っ込んだ。私は人間じゃない。死んだ方が良い」と言われたときには、精神病になったのだと思いました。私の知らないところで、娘がテレクラと覚醒剤にはまっていたなんて、晴天の霹靂《へきれき》でした。さらにその前にレイプ事件があったこと、子ども時代の性的虐待、そんなことに気がつかなかった私は、何と愚かな母だったのだろう。娘に申し訳ないと思うばかりです。（ＰＴＳＤ・覚醒剤乱用・摂食障害の少女の母）

家族が治療に加わって起こしてゆく変化は、クライアントと家族の不安定な関係を安定したものに変え、情緒的な交流を促進します。同時に、自身が変わることができるかもしれないという希望が生まれ、家族が再生していくプロセスが生まれます。そのプロセスでクライアントは家族にこれまでの思いを伝えたり、時には性的虐待について語りだすことがあります。

一方で家族の理解が得られなかったり、虐待の事実が公になったりすることで動揺する家族が多いことも事実です。家族が崩壊するということは経済的な援助も途切れることを意味することも多いのです。当院のクライアントの多くは一八歳以上であり、児童福祉法の対象外の人がほとんどです。また、病気の渦中では働くこともままなりません。治療を続けるには医療費を払い続けなければなりませんから、その費用は大概は家族に依存することになります。加害者に恐れや怒りを感じつつ、経済的には頼らざるを得ない、そんな矛盾したケースがしばしばでてきます。

　加害者と別れて暮らすために、世帯を分けて生活保護を受給することも考えられますが、新しく自身の住所地を作るためにもお金が必要になってくるわけです。また、性的虐待の事実の確認は多くの場合困難です。親の扶養がしっかりと行われている場合、本人が単身で生活保護を希望しても、扶養が優先してしまうでしょう。医師の意見書等を添えて、家族と距離をとる必要性を強く訴えつつ、申請を援助することも必要になります。

## 3．被害体験をあつかう際の留意点

　被害体験は、治療場面ではとても混乱した断片的なものとして語られます。長い治療経過のなかでその断片がつなぎあわされ、被害体験の全貌が見えてきます。そしてこれは治療者にとっても、クライアントにとっても大変困難な経過をたどります。

　一つには先にも述べましたが虐待被害者の多くがその体験を恥じていて話したがらないということがあります。被害体験は被害者を深く傷つけ、自己否定感を与えます。

**［自分自身をひびの入った食器だと思っていました］**

　小学四年生のときにレイプにあって以来、自分のことをずっとひびの入った食器だと思っていました。中学生のころからは、こんな傷物は割ってしまうしかないという考えに取りつかれ、左手首と前腕を切り刻みました。高校生になると行きずりのセックスばかりしていました。どうやっても、淋しさは埋められません。

（自傷行為・摂食障害、二七歳）

**［私はいけない子？ 汚くない？］**

　三〇代前半の解離性同一性障害の患者さんが入院しています。ときどき五歳の幼児になります。「初めは、私は怖かったの。でも後では自分でパンツを脱いだの。まなちゃんはいけない子？ 汚くない？」と幼児言葉でたどたどしく言うのを聞くと、悲しくて涙が出てきます。（二〇代、女性ナースの発言）

クライアントは虐待によって自分はどこか欠けてしまった、汚れてしまった、駄目な人間だと自らを責め、絶望し、口を閉ざし続けることも多いと思います。

また深刻な性虐待では、心因性（解離性）健忘がしばしばおこり、被害者が実際にその事実を思い出せなかったり、仮に思い出してもその回想が断片的・象徴的になったりします。そのため、幼少期に挿入を伴うような激しい虐待の記憶があるという場合には、「その年齢でそういうことがあると、大怪我をするはずですが、そういった治療歴がありますか」と客観的な事実を確かめる場合があります。

しかし、大切なのはクライアントが実際にさまざまな症状をもっていたり、大変苦しい記憶に悩まされているという事実だと思います。実際にそうした虐待が無かったとしても、クライアントの現状が表わすような何かがあったのだろうという理解と、クライアントの感情に沿うということが大切だと筆者は感じます。

また、嗜癖治療の一つの柱であるグループ療法はトラウマの治療にも有効です。同じような体験をした仲間と出会うことで自身の体験を話すようになったり、似たような体験を聴くことで自身の疾病と被害体験の関連づけが生まれます。また仲間の話に触発されて自身の記憶の一部がよみがえることもあります。

## ［祖父の溺愛］

祖父は私を溺愛していました。私が赤ちゃんのころからオムツも替えてくれたし、お風呂にも入れてくれました。でもそれは私が小学生になっても続きました。中学生になってやっとお風呂からは開放されたけれど、実はその後も異常な関係が続きました。祖父は地方の名士で親族の敬愛を集める人格者でした。その上、長期にわたって腸癌と戦っていました。その一方で祖父は、私の体の成長に興味をもち、両親の目を盗んで、私の成長ぶりをチェックし、胸や性器を撫で回しました。変だとは思ったけれど、こころ優しい私にはそれが言い出せませんでした。私は祖父を愛していました。高校一年のとき、海外に留学することでやっとこの家から逃げ出すことができました。その直前から拒食症が始まり、留学先で過呼吸発作が頻発するようになって、半年で呼び戻されました。祖父は大喜びでしたが、私は過食嘔吐と自傷行為をくりかえして、精神病院に逃げ込みました。何度目かの入院で、ホスピタルにたどり着き、同じような体験をもつ多くの仲間と会って、やっとこのことを話すことができました。

## [性的虐待の予感？]

父は短気で暴力的でしたが，私に対する直接的な身体的，性的虐待はありませんでした。夫婦仲が悪くて，父から母への暴力がありました。母が泣きながら，父から殴られてむりやりセックスさせられたと言って，真夜中に私の部屋に逃げてくることがありました。私が中学生ころのことです。また，同じころ，父が子供のヌード写真を収集していることを知りました。高校二年のある日，父が私のパンティを抱えて寝ていることに気づきました。高卒後，私は，自宅からは遠く離れた大学に入学し，家を出ることに成功しました。この生育歴と自分の男性恐怖とは関係があると思っていたけど，ミーティングでよく似た話を仲間から聞くまで，自分の薬物嗜癖に関係づけて考えたことはありませんでした。（市販薬乱用，三二歳，女性）

性的虐待の事実は，治療関係が安定してくるとクライアント自身の口から語られることが多いように思います。虐待の記憶は断片的にさまざまな場面でよみがえります。それは時に暴力的なまでに侵入的に思い出され，大変な混乱状態を招くことがあります。その際，病棟は一時嵐のように騒然とします。過呼吸発作で倒れたり，解離症状が出て暴力的な人格が大暴れしたりします。リストカットして血まみれの状態のクライアントが発見されたり，自殺未遂を起こしたりなど，大変な事態が突然襲ってきます。

## [感情をもつ恐怖]

感情をもってはいけない，感情を出してはいけない，私は殴られ，餌食にされるべき存在なのだから，と思って生きてきました。感情をもつのはつらすぎるのです。感情が出そうになると自分の手を切って感情を押し殺してきました。ところが最近になって，自分の体が感情を出し始めました。ホスピタルの治療のためかもしれません。感情の表出に伴って，これまでに経験のない恐怖感，うつ，虚無感，離人感，絶望感が襲ってきます。健康な人は，理解ができないと言います。そうかもしれません。周りの人が私を受け入れてくれるはずがない。私自身が大嫌いな私を，と思うと，恐怖で頭がぼうっとしてきます。思わず自分の首を自分で締め上げてしまいました。（性的虐待と身体的虐待サバ

（一イバー、二〇代後半、女性）

右のように、自傷行為や自殺未遂は、感情を押し殺す、つまり被虐待の辛さや苦しさなどを抑圧し、麻痺させる手段として行われます。

自傷行為や自殺行為については「あなたが（今までと同じように）自分を傷つけることで表現するのは悲しい」「治療に対する重大な裏切り行為だ」などとはっきり否定しなくてはなりません。一方で「辛かったね」「悲しいね」と今まで抑圧・否定してきた感情に沿い涙を流すクライアントにしばらく付き添うことも重要です。また、すでに行われてしまった自傷行為に関しては、それが軽い傷であってもきちんと手当てをすることも大切です。クライアントのなかには「今まで傷つけることが当たり前だったから、自分を大切にするということがよくわからない」と話す人もいます。自身を傷つけることをやめ、自身の感情や身体を大切に扱うことの積み重ねが、「自分を大切にする」という感覚を育んでいきます。

自傷が続いたり、自傷・自殺願望が強い場合には、安全確保を最優先し、時に保護室利用を含む閉鎖環境での対応が必要となります。当人が閉鎖病室などへの入室を激しく拒絶することもありますが、保護され、守ってもらえたという経験は後の治療に良い影響を及ぼします。

## 4．危機回避と予防

面接場面でクライアントが記憶を思い出したり、スタッフにヘルプサインを出したりしたときには、クライアントとスタッフ、時にはスタッフ間で予測しうる危険性を共有します。さらに「辛いときは早めにスタッフに伝えてほしい」「スタッフからの声かけを増やそうか」「薬の助けを借りようか」「閉鎖（病室）に入ろうか」などの提案をします。それでも破壊的な行動が止められないことがありますが、リスクはかなり軽減されます。

しかし、こうした記憶はグループ治療の最中やクライアント同士の会話や交流のなかから突然思い出されることもあり、突然の解離症状に驚いた周囲のクライアントがナースステーションに駆け込んできたり、スタッフが大声を聞きつけて駆けつけることも最近では頻繁に起こるようになりました。このような時は他のクライアントへの影響も心配することが必要となります。近頃は解離したクライアントの姿や行動を目の当たりにして、他のクライアントも解離してしまうような連鎖反応がスタッフを悩ませています。

突発的な問題への対策として当院で行われている工夫としては、私物チェックや危険物の管理があげられます。自傷行為が激しいクライアントや危険が予測される状態では、危険物になりうる物をナースステーションで預かったり、外出から帰った際に持ち物検査をすることを治療の条件にしたりする場合があります。こうした工夫はある程度クライアントにも受け入れられるようになり、なかには自ら危険と思われるものを「預かってほしい」と申し出てくれる人もいます。その際は「よく言ってこられたね」「それでいいんだよ」と、クライアントをきちんと評価することがクライアントの自己肯定感を高め、また治療関係のあり方を明確にするうえで重要な意味をもちます。

業務も多くクライアントと接する機会の多い看護スタッフにとってはこうした管理はさらに仕事量を増やし、大変な労力となりますが、こうした努力で回避されているリスクはかなり大きいと思われます。それでもカミソリを隠し持っていたり、隠れて自傷行為が行われる例は後を絶ちません。そうした場合は重大な治療契約違反としてクライアントと治療者のあいだで話し合いがもたれ、改めて治療の意志の有無を確認します。時には治療意志や治療条件を文書で確認したり、新たな条件を加えて治療契約を結びます。度重なる治療契約違反や放棄などがあると治療継続が困難となり転院や退院してもらうこともあります。

## 5. 関係性、社会性の問題

多くのクライアントは、安全で安定した当たり前の人間関係の経験が希薄です。

自己否定感が強く、他人から必要とされることで自身の価値を見出す傾向が強い対人関係パターンを、嗜癖領域では〈共依存〉と呼びます。自身の欲求に疎く、人の助けになること以外に自身の価値を見出せません。共依存に陥ると、相手からの要求を断ることに罪悪感をもつようになります。こうした関係はトラウマを再体験させるリスクを高め、また自身の治療より他人への世話焼きが優先し、治療を中断させることがあります。具体的な例としては異性からの誘いを断れず、望まない性関係をもってしまう、再びアルコールや薬物を使用してしまう、さらには酔っ払った相手の世話焼きに奔走し、そのなかで再び暴力などの被害に遭う、などがあります。このような人間関係は当人の感情を抑圧するため、欲求充足や危機回避といった生活に必要な力が育まれず、社会復帰を困難にします。

また、病気のために社会に出る機会が極端に少なかったクライアントたちは、安全な対人関係を築く経験や社会生活の経験がほとんどなく、社会生活上必要なスキルが大変未熟であったり過剰適応的に振舞うことがとても多いようです。このことがトラブルの種になったり、社会復帰へのあせりを生んだりとクライアントの自己否定感を刺激します。スキルの未熟さを指摘することも大切ですが、現在できていることや変化を肯定的に評価し、少しずつ自己効力感を得られるような援助が効果を発揮するように感じています。

## まとめと課題

これまで述べてきたように、虐待被害者は多様な嗜癖問題やトラウマ、不安定な人間関係のなかで生き抜いてきたことによるさまざまな生活課題を抱えています。それらの問題を乗り越えて社会生活に復帰するまでには、一つひとつの課題に時間をかけて、丁寧に取り組んでいく必要があります。とりわけ性的虐待は、被害者が被害体験を語れるようになるまでにも多くのハードルを越えなければなりません。クライアントの安全を確保し、安定した信頼関係を形成しつつトラウマに向き合い、傷ついた自尊心を回復することと、今後の社会生活に必要なスキルの獲得を支援することが必要です。

ここでは、虐待の被害者の利益を最大限に確保するための方策を述べていきたいと思います。

### (a) 援助における工夫

当院で行う治療や援助は面接にしろ、グループにしろ、言語的なものがほとんどです。そのため、激しい怒りの感情などが表出したときは、あつかいきれないと感じることもあります。こちらの許容範囲の問題もさることながら、クライアント自身が語る経験が少ないため、言葉でのやり取りだけでは消化しきれないのです。

そこで最近は面接だけでなく、スタッフが見守る安全な環境のなかで木槌で物を叩く通称〈トンカチ療法〉や、ダンボールを破壊する、ボクササイズをする、大声を出すなどの行為を行う試みが始まりました。こうした非言語的な援助方法は、時に言語的な援助より有効であるように思います。現状ではこうした対応をすることで精一杯ですが、他にも援助の仕方には工夫の余地が残っていそうです。

（b）見守る

見守るという行為は、それ自体に大変重要な意味があります。クライアントを見守り続ける病院スタッフの目は非言語的な援助そのものでもあり、見守られる体験は安心感や安全感を高め、治療効果をより高めます。見守る行為は目立たず地道な作業ですが、クライアントを見守るスタッフは、クライエントを守る〈器〉としての機能をはたしているのです。見守る行為は、家庭的な雰囲気を作り、治療を根幹から支えていると言えます。

（c）多様な問題への介入

性的虐待の被害者は性虐待だけでなく、身体的虐待や心理的虐待、ネグレクトなど、ほかの虐待被害を受けている例が多いことも忘れてはならない点です。また被害者の話を聴くと数々の嗜癖問題や自傷行為だけでなく、不登校やひきこもり、いじめ被害、ストーカー被害、レイプ、援助交際、売春、万引き、窃盗、借金、ドメスティックバイオレンス、配偶者の嗜癖問題、育児不安や自身の子どもへの児童虐待などさまざまな被害体験や問題を抱えていることも珍しくありません。

多問題なのはクライアントばかりでなく、クライアントを取り巻く状況も同様です。身内に嗜癖問題があったり、経済的な困窮、暴力、ドメスティックバイオレンス、離婚、時に親自身が虐待の被害者であることもあります。

これらの問題は到底ひとつの医療機関だけでは抱えられません。福祉事務所や保健所、児童相談所、障害福祉課、警察、学校教諭、民生委員、弁護士などと連携・協力して支援を行うことになります。

具体的には、入院するために子どもを児童相談所で一時保護してもらう、養護教諭が受診に付き添う、民生委員や保健師に地域で見守ってもらう、相談相手になってもらう、弁護士を通じて離婚訴訟の援助をしてもらう、などの方法があります。

（d）地域との連携

地域との関係も、大変重要な問題です。多くの場合、クライアントは複数の問題を抱えていることは、すでに述べましたが、入院環境に馴染めず治療からドロップアウトしたり、入院中も万引きや院外での薬物使用・酩酊などで警察に保護されたり、地域の方から苦情を寄せたりすることも少なくありません。他機関との連携はもちろんですが、迷惑をかけたお店にクライアントと一緒に謝りに行くことも援助の一つになります。

## (e) 治療者のセルフケア

援助過程でクライアントの凄まじい外傷体験と向き合うことは、当人はもちろんのこと、援助者にとっても大変侵入的かつ苦しい作業になります。そういった体験を知るということは、それ自体が大変つらいことなのです。実際、私たち援助者のなかにも、不眠や激しい頭痛、抑うつなどを呈したり、時に激しい疲労感や精神的に限界に近い感覚を感じたりする人がいます。

治療者のセルフケアは差し迫った問題と言えるでしょう。筆者もときどき「あと何年この仕事を続けられるだろうか」と考えることがあります。つらさを感じるということは、おそらく健全な反応で、援助をする側にとってそういった心の健康は必要なことですが、その健康を保つだけのケアが果たしてどこまでできるのか、難しい問題だと思います。こうした感情を一人で抱え込まずに、スタッフ同士で共有し合うことがとても大切だと思います。

## (f) 治療後のフォローアップ

治療の場でわれわれができることには限界があります。臨床の場にいると、治療の枠組みを超えたところで、被害者同士が体験を語り合い、共感しあい、支えあうセルフヘルプグループの必要性を強く感じます。しかし一方で被害体験を語りあうことは、トラウマを想起させ、被害者を不安定にさせるリスクをも孕んでいます。サポート体制を含め、どのようにセルフヘルプグループの育成を支援していくかということは重要な課題です。

昨今、虐待被害者を保護したり介入していくことの重要性は、法的にも社会的にも認知され始めています。しかしその後のケアと支援という点では資源や理解が及んでいるとは言いがたいのが現状です。

これほどまでに傷つき、さまざまな支援を必要とするクライアントは、事件直後の治療が落ち着けば社会のなかに放り出されてしまいます。それ以前の問題として、解離症状や激しい問題行動を抱えるクライアントは治療や支援そのものが受けられず、転々とたらい回しにされることもしばしばです。病院と地域の中間で支援し受け入れてくれるところは極端に少なく、運よく治療を受けられたとしても、彼らはその後一体どこに行けば支援を受けられるのでしょうか。

被害者の保護や虐待の防止だけでなく、社会復帰までを視野に入れた支援体制を考えていくことが、今後の重要課題のひとつであろうと思います。

# 第8章

# 民間法人における性虐待被害者とのかかわり

村本邦子（臨床心理士）

## 女性ライフサイクル研究所の概要

筆者は、臨床心理学を学び、民間の精神科クリニック思春期外来でカウンセラーを三年勤めた後、一九九〇年、大阪に、女性ライフサイクル研究所を立ち上げた。直接のきっかけは、それまで、子どもの臨床にかかわっていた筆者自身が子どもを二人産み、子育て仲間たちとの関係のなかで、子どもを援助するには、子育て中の女性を援助することが必須であると痛感したことだった。すぐに、四人の女性がスタッフとして加わってくれ、私たちは、女性と子どものための個人カウンセリング、グループ、無料電話相談、子育て講座や、女性心理学講座などをスタートさせた。

スタートさせた途端、直面したのが、虐待の問題だった。多くの母親が、子どもを愛せないと訴え、自分を責めていた。そこで、まず、今で言うところの子育て支援（当時は、まだ、〈子育て支援〉という言葉はなかった）を始めた。

現代の子育ての困難は、次にあげる四つの問題に起因していると思われる。

① 親世代の子育て経験のなさ
② 孤立した子育て
③ 母子関係の濃密さと母親の役割の肥大化
④ 親自身が虐待的環境に育ち、トラウマ症状を抱えている

そこで私たちは、この四つの問題に対応させて次のような支援を行っていった。

①　子育ての学習
②　子育てネットワークの形成
③　母親絶対主義からの解放
④　親に症状がある場合には心理療法による介入を行う

続けて私たちが直面したのが、後述する性虐待だった。

女性ライフサイクル研究所では、女性と子どもの支援をするなかで、ぶつかった問題を一つひとつ取り上げ、解決策を練りながら、実践と研究を積み重ねている。開設後一八年目に入る現在、大阪と京都に事務所を構え、一四人の女性スタッフで、子育て支援、虐待やDVなど、女性や子どものトラウマ治療をはじめ、企業のメンタルヘルス教育まで幅広く、カウンセリング、グループ、講座やセミナー、出版、研究などの事業を展開している。

なお、二〇〇二年には、それまで社会活動としてボランティアでやってきた部分をNPO法人として独立させ、NPO法人「FLC　安心とつながりのコミュニティづくりネットワーク」とした。トラウマの臨床に携わるなかで学んできたことは、トラウマがトラウマをよぶ「トラウマの複合」という現象があり、適切なケアをされずに放置されたトラウマが、新たな被害への傷つきやすさを生むという事実である。たとえば、子ども時代に虐待、DV、いじめなどの被害経験があり、その長期的影響である感覚麻痺、解離、低い自己評価、孤立、再被害化などの症状を抱えていると、その後の人生においても、さまざまな被害に遭遇する確率が高く、また被害が長期化しやすい（村本、二〇〇四）。したがって、被害経験をもつリスク集団への予防的介入が重要である。NPOの方では、市民としての予防活動に力を注いでおり、開業臨床の場に来ないであろう層に向けた援助システムを模索している。

## 当研究所における子どもの性虐待についての経験のあらまし

個人カウンセリングやグループのなかで、妊娠、出産、子育てをめぐって女性たちの語りに耳を傾け始めてすぐに気づいたことは、性についての否定的体験と感情だった。簡単なアンケート調査を行い、その根底に子ども時代の性虐待が潜んでおり、それは、特殊なことというよりも、普遍的な経験であることを知った。ちょうど、そのころ、森田ゆりによる翻訳『誰にも言えなかった』、田上時子による翻訳ビデオ『沈黙を破って』が相次いで出された。女性にとってこれほど大きな問題を専門家たちが何も知らないなんてと驚き、まずは、情報を集め、啓発活動に乗り出そうと決めた。

「性虐待を考える」などのテーマでフリートーク形式のグループを重ね、子どもの性虐待についての初めての自助グループであるＳＣＳＡや内藤和美ら女性学研究者たちと出会い、行き当たりばったりで手に入れた数冊の英語文献をもとに研究を始め、一九九二年の研究所年報二号で『特集――チャイルド・セクシュアル・アビューズ』[*1]を出版した。これが新聞に掲載されたことから、当時、この問題に関心をもっていた人びととの繋がりができた。また、社会啓発のために、性虐待をテーマにした講演会などを実施したことも、研究者や実践家たちとの出会いをもたらしてくれた。

北米の取り組みを参考に予防教育も開始した。ＣＡＰ[*2]（子どもへの暴力防止プログラム）を参考に、幼稚園や保育園、母親たちの自主グループなどで、大人向け、子ども向けのプログラムを試行錯誤した。このような試みは、関心の輪を拡げ、自分たちの被害経験の分かち合いや、マスコミを通じて他のグループとの交流へとつながっていった。

次に試みたのは、実態調査だった（ココロプロジェクト、一九九三）。女子学生を対象としたアンケートで、三人に一人が性虐待を経験しているという結果が出たため、マスコミの注目を浴びた。これを学会で発表し、その新聞記事を見てコンタクトを取ってきたのが『甦る魂』の著者、穂積純氏[*3]である。以後、五年にわたって性虐待をテーマにした裁判を支援することになる。さらに、専門家啓発のために、一九九三年から七年にわたって、毎年、日本心理臨床学会で自主シンポジウム「チァイルド・セクシュアル・アビューズを考える」を主催した。社会の意識の高まりに伴い、年々、参加者のレベルは向上し、とりあえず、啓発の役割を終えた。

この間、インセスト（近親姦）を研究テーマとする社会学者石川義之氏と出会い、本格的な社会調査を目指し、一九九九～二〇〇〇年にわたって女性の性被害の実態を明らかにする関西コミュニティ調査[*4]を実施した。女性の性被害経験率は都市部で七九・六パーセント、地方で七七・〇パーセント、子ども時代（一八歳未満）の被害率はそれぞれ、五六・九パーセントと四八・二パーセントであった。

筆者は、とくにインタビューを担当したが、そこから明らかになったのは、次のような点である。

①女性の人生における性被害経験率はきわめて高い
②性被害が女性の人生に与える影響は非常に大きい
③性被害の長期的影響は認知されにくく、年齢の低いときの被害ほど認知されない
④能動的対処の有無と、被害体験を話し受けとめてもらえたかどうかの二要因が、性被害の影響を減ずるために貢献する
⑤子ども時代のトラウマは新たなトラウマを招き、トラウマの複合が生じやすい
⑥性被害はほとんど専門機関で相談されない
⑦性被害を受けた女性は相談機関の充実を求めている

（村本、二〇〇四）

ちなみに上述したＮＰＯの活動も、この調査の結果にもとづいて始めたものである。

当研究所であつかっているカウンセリング事例であるが、半数以上がトラウマ関連のものである。筆者に関して言えば、八〜九割がトラウマ事例であり、インセストを含む性虐待被害者は少なくない。圧倒的に多いのは、現在は成人である性虐待サバイバーである。性虐待を経験した子どもに対して、母子並行でカウンセリング（年齢の低い子どもの場合はプレイセラピー）を行うケース、裁判支援が必要で来られるケースもあるが、性虐待を受けた子どもが開業臨床の場面に連れて来られる確率は低い。たいがいの場合、加害者は家族のメンバーであり、そうでない場合でも、子どもが性虐待を親に打ち明けることは非常に困難だからである。例外的に子どもが連れて来られるのは、父親による性虐待が明らかになって、母親が離婚を決意したケースや、何かのきっかけで事件が発覚し、警察が介入して刑事事件になっているケースである。

治療技法としては、クライエントのニーズに合わせて、さまざまなものを組み合わせて使っている。成人サバイバーに典型的な心理療法を施す場合は、ハーマンの回復の段階に添った形で、現在の安全の確立、過去のトラウマの整理、未来へ向けた社会との再統合と順を追って進んでいく（ハーマン、一九九二）。

基本的には、精神力動的アプローチと認知行動療法的

アプローチを組み合わせているが、箱庭療法やアートセラピーなども併用する。解離症状の強いクライエントの場合は、エゴ・ステイト・セラピーが有効である。その他、EMDRやソリューション・フォーカスド・アプローチなども使う。性虐待被害者に限定していないが、トラウマ・サバイバーを対象としたアートセラピー・グループや症状管理グループも実施している。ただしグループ・セラピーに関しては、その有効性を痛感してずいぶん前から繰り返し企画してきたものの、参加者ニーズとしてはいまだ高くないということなのか、人数が集まらず実施まで到らない場合もままある。

近年の特徴としては、スーパービジョンやコンサルテーションを通じて、学校や福祉現場での性虐待ケースにかかわる機会が急増したことである。虐待防止法によって、各種専門家の意識が高まったこと、CAPを初めとした予防教育の成果により、子どもが関係者に性虐待を打ち明ける機会が増えたためであると考えられる。一〇年前との違いをひしひしと感じるようになったが、子どもが打ち明けた後の対応としては、まだ不十分というのが実情であり、教育や専門機関の設置など社会システムの改善が不可欠であると思われる。

# 事　例

ここでは、当研究所でかかわるような事例をいくつか紹介するが、いずれも、実際の事例でなく、典型的なパターンを作成したものであることをお断りしておきたい。

## 事例㉔　Qさん（四二歳）

Qさんは、音楽関係の仕事をしている。三年前、一五歳年上の夫と結婚し、現在、二人暮らし。生育歴としては、二歳のころに母親が家出をし、それ以後は父親および父方祖母に育てられた。物心ついたころより父親から性虐待を受けていた。中学一年よりレイプが始まり、それは高校卒業後に家を出るまで続いた。現在は実家と一切かかわりがない。一時は母親を捜したが、母親もインセストから生まれた子どもであったことを知って会うのをやめた。解離性障害とPTSDの症状があった。Qさんは非常に有能な人で、一定の職業的成功をおさめていたが、対人関係上のトラブルが多く、職場を転々としていた。面接では、おもに症状コントロールに焦点をあてた。記憶に欠ける部分があるため、生活日誌をつけ、規則的な睡眠と食事を確保した。認知行動療法的な手法を用いて、不安への対処、怒りへの対処を身につけた。夫の協力も得て、ほぼ一年で安定した生活パターンを獲得し、「以前より自分のことがわかるようになり、ずいぶん楽になった」ということでいったんカウンセリングを終了した。

## 事例㉕ Rさん（三六歳）

Rさんは主婦である。家事は何とかこなしているが、ほぼ家に引き籠もっている。また夫と性関係はない。本を読むのが好きで、たまたま虐待についての本を読んだところから、過去の体験が詳細に浮かび上がり、頭から離れなくなった。出身家族は田舎の方の大きな敷地内に親族が集まって暮らすような形態で、幼いころより叔父と従兄による性虐待を受けていた。

精神科で投薬を受けつつ、カウンセリングでは甦った過去の記憶をカウンセラーと一緒に整理していく作業に取り組んだ。言語での表現以外に、アートセラピーが合っていたようで、記憶の再生を自分でコントロールするなど、イメージを使った症状管理を行いながら、苦しみや哀しみ、怒り、喪失などの感情を抽象的に表現していった。二年ほどで少しずつ希望がもてるようになり、現実に眼が向くようになった。地域のサポートグループに顔を出すようになり、現在は、かつて得意だった英語を活かして仕事に繋げたいと、通信教育で翻訳の勉強を始めたところである。

## 事例㉖ Sさん（六五歳）

Sさんは主婦であり、息子二人を無事に育て上げた。Sさんは兄からの性虐待サバイバーである。外から見たら何の問題もなく、良い人生を送っているように見えるため人は羨ましがる。しかしSさんは、自身の中核部には激しい自己嫌悪、自分は他の人とは違うという劣等感があり、この思いは誰にもわからないと感じ、ずっと闇を抱えて生きてきたという。

雑誌に出た当研究所の記事を読み、性虐待が表に出されて援助される時代になったのだということに心を動かされた。一生誰にも話さず、墓場までもっていくつもりだったが、自分も誰かに話してみたいと思い立って当研究所へやってきた。性虐待の経験と、そのことをどのように引きずってきたかをひとしきり語り、カウンセラーの問いかけに応える形で、そのことを抱えながら、どんなふうにしっかりと生きてきたのかを語った。「これで、心のつかえがとれました」と、一度のカウンセリングで終了する。

## 事例㉗　Tさん（一八歳）

Tさんは、中学より父親からの性虐待を受けはじめた。ようやく母親に訴えることができ、当研究所へ来談したときは実家を出たばかりだった。父親は性虐待を認めなかったが、母親が二人のあいだを取りなし、現在は一人暮らしをしながら福祉系の専門学校へ通っている。

フラッシュバック、コントロールできないイライラ感、わけもなく涙が流れる、気分の落ち込み、摂食障害、自傷行為（リストカット）などの症状がある。Tさんは、何とか勉学を続けて資格を取り、はやく実家から経済的にも自立したいと強く希望していた。

その希望に添って、卒業と資格獲得を目標に据える。サポート体制を整えるべく精神科医を紹介し、Tさんが学生相談カウンセラー、および担任に話をし、学校で支援を受けられるようにする。クラスメートの理解者も、一人、二人と増やしていった。福祉系の学校だったためか、比較的うまく周囲のサポートを得ることができている。カウンセラーは母親とも会い、Tさんの力になるようなかかわり方を助言する。また母親はTさんを守れなかったことに罪悪感をもっている様子だが、離婚する気持ちはない。

これらのことと平行してTさんとは、症状管理、とくに自傷行為のコントロールを目指した。現在は月一回ほどのペースで、現実適応のためのメンテナンスをしている。今のところ、何とかうまく学校は続けているが、援助職につくための実習をどのようにクリアするかがこれから先の課題である。

## 事例㉘　Uさん（一三歳）

Uさんは塾教師による性虐待が発覚し、事件となった。心理的影響を心配した弁護士からの紹介で、母子で来談した。とりあえず、危機介入としての心理教育を三回にわたって行った。今後は、気になることが生じたときに来談してもらうことにした。

## 事例㉙ Vさん（七歳）

女児Fさんは父親からの性虐待が発覚した。父親はあっさりと虐待を認め、両親は離婚し、養育費も支払われている。解離症状、悪夢、身体症状などが見られることから来談、週一回のペースで、子どものプレイセラピーと母親のカウンセリングを行う。プレイでは、トラウマ場面の再現が繰り返し見られ、カウンセラーの介入によって、遊びの内容が変容していった。家での遊びにも再現が見られることから、母親にも対応を助言し、一年ほどで、明らかな解離症状は収まった。一時は行けなくなっていた学校も、学校側の理解を得て、母親同伴の形で行くようになり、友人関係もできつつある。その後は月一回のペースでフォローを行い、今後心配なことがあれば相談に来るということにし、いったん援助を終結する。

## まとめ

当研究所でのカウンセリングは開業の形を取っているため、クライエントのニーズに応えることを重視している。しかし、トラウマ関連のケースの場合は、情報提供や現実的な助言に留まる場合を除けば、アセスメントを行ったうえで、ハーマンの「回復の三段階の理論」をもとにした治療を行っている。

アセスメントは、セルフ・チェックの質問紙とインタビューを行い、適宜ハーベイによるＭＴＲＲ[*5]を用いる。安全の確立という第一の課題をもっとも重視し、これができないうちに過去の整理という第二の課題を行わないことを鉄則とするためである。

また当研究所では、すべての人が第三段階まで行くべきだという立場を取っていない。たとえ第一段階のなかの一歩であっても、前進があればそれをよしとする。ＤＩＤはじめ重篤なトラウマ症状をもつ人たちの回復過程は長い道のりであり、急がない方が良いし、カウンセリングに頼りすぎない方が良いと考えている。したがって、必ずしも、トラウマからの完全な回復を目指すわけではなく、トラウマと症状を上手に抱えながら、少しでも自分らしく生きていく援助ができればというのが当研究所のスタンスである。

アメリカに「ジェネレーション・ファイブ」[*6]というプロジェクトがある。五世代かけて、子どもへの性虐待をなくそうというプロジェクトである。気が遠くなるような発想であるが、それほどまでに子どもへの性虐待は根が深い問題なのだ。

性虐待が発覚すると、人びとは「たいへんだ！　何とか解決しなければ」と思う。実際、そうだ。でも、現実には、その根深さのために、今すぐの解決が望めないことの方が多い。起こらずにすむ虐待を起こさないこと、起こった虐待をそこで食い止めること、〈5〉の酷さの虐待をせめて〈4〉に引き下げること、小さな一歩ずつを大切にしたいと考えている。個別の事例に取り組みながら、社会の土壌を変えるために活動していきたい。

# 第Ⅲ部のまとめ

性虐待の事件の最大の被害は、自尊感情と日常生活の喪失にあります。よって被害者への援助は、自尊心と安心感の回復が主な目的になり、ＰＴＳＤからの回復・社会復帰までを視野に入れた援助の体制つくりが求められます。板倉、村本両氏があげた事例の援助の対象のほとんどは、すでに成人となった、子どものころに性虐待の被害を受けた人たちです。子どものころのトラウマ体験がその後の人生にどのような影響を与えるか、またトラウマの治療のさまざまな手だてを考える機会を与えてくれます。

また性虐待は被害の個別性が非常に高いため、その援助において画一的な方法が存在しません。プレイセラピー・集団精神療法・家族療法・認知行動療法・精神力動的アプローチ・解決志向型短期療法・心理教育的アプローチ・箱庭・アートセラピー等と当事者グループや親グループ、ネットワーキング・グループなど多彩な方法が存在し、それらを適宜活用していくことになります。

本書の編著者、石川が採用している主な援助法は、ナラティブ・アプローチの外在化処方を描画を用いて実施し、オルタナティブ・アプローチから治療を行う方法です。とくに描画による外在化は、ことばの発達が充分でない子どもにかかわるときに非常に有効な接近方法です。アセスメントおよび治療方法として描画は欠かせないと感じています。

これに対して、自ら語ることが可能な成人サバイバーへの接近方法としては、語ることの意義からナラティブ・アプローチが力を発揮します。その際は、過去の性虐待の被害により自分のすべてが破壊されたわけではない、自分らしく生きる力は私にある、と語りなおすプロセスが援助の柱となります。

援助の計画をたてるときは、その援助が被害を受けた子どものその後の人生にどのような影響を与えていくか、その可能性についてある程度予測できていることが前提になります。しかし事件直後は被害の内容を当該子が語ることは滅多にないため、類似する事例の証言などから想定し、援助が開始されます。その意味でも援助の事例はとても大事であり、是非とも本書の三〇の事例を読者が援助を行う際の参考にしていただきたいと思います。

終章

# まとめ——沈黙のエコロジーを超えて

石川瞭子（臨床心理士）

最後に本書のまとめとして、子どもの性虐待（性犯罪を含む）の対応のなかで、特に防止を中心に、ロジャー・J・R・レヴェスクの指摘する「沈黙のエコロジー」[*1]から検討を加えます。「沈黙のエコロジー」を超えてどのように子どもの性虐待を防止するかについて、言及してみます。まず二つの事例、αとβを見てください。

## 事例α

中学生の女子がレイプ被害に遭った。両親は女子の訴えで事件を知り、警察に駆け込んだ。警察署は緊急発動し現場の捜査を開始した。学校は警察署からの報告で事件を知り、地元の青少年健全育成部会に被害の拡大を防止するように協力を要請した。本人と家族の了解をとり、守秘義務に十分配慮した。しかしレイプの噂は静かにそして急速に広まった。

両親は、噂が学校関係者からもれたのだと考え、学校を告訴すると憤った。校長は窮地にたたされた。校内では女子の対応をめぐって担任と養護教諭らの抗争が発生した。メディカルチェックを主張する養護教諭と保護を主張する担任らの意見がかみ合わなかった。スクールカウンセラーはレイプ被害の対応の経験がなく、オロオロするばかりであった。この学校は過去からの事情で児童相談所との関係が遮断していた。

一方、女子の家では母親と父親が気まずい関係になっていた。両親は、この件でどちらに非があるかで互いを責めあった。パニックになった女子は自傷行為を行った。そのようなときに関係者と女子と両親が筆者のもとに相次いで訪れた。筆者は女子の安全を確保する必要から病院に入院を勧めた。しかし病院（複数）は拒否した。性虐待の対応の経験がないという理由からだった。

## 事例β

女子は小学生で父親と二人で生活していた。当時女子には、授業中に自慰行為をするという問題行動が見られるようになっており、それがすでに半年間続いていた。

父親が保護者面談において、女子が初潮をむかえたことへの戸惑いを語ったとき、担任はそのことを不思議に思った。女子の生理の状況を他者に詳しく述べる父親は珍しいからである。女子が父親から性虐待を受けているのではないかと事例を提出したのは、この担任だった。担任は子どもの性虐待について勉強していた。

その事例研修会には校長・教頭・担任・養護教諭・体育教諭・美術教諭・スクールカウンセラーらが参加した。女子の成績に変化はなく、体育の参加態度にも変化は見られなかった。しかし美術の制作物には性的な問題を疑わせるようなサインが出ていた。女子と父親は同室で寝ていて風呂も一緒に入っているという情報がよせられた。他方、友達関係には特段の変化はなく、学校内では他の子と変わらないとの情報もあった。

これらの情報を総合的に判断したところ、女子の状態は父親からの性虐待の未然防止の段階であろうという意見の一致をみた。そこで養護教諭が女子に個別に指導し、父親には担任とスクールカウンセラーが生活の改善について指導を行った。しばらくして女子の問題行動は消失した。

事例αはうまくいかなかった事例、事例βはうまくいった事例です。どこがどのように違うのか検討してみましょう。事例αで良い結果が得られなかった理由は、①虐待事件の後だった、②児童相談所との関係が遮断していた、③関係者内で意見の対立や抗争があった、④関係者の勉強不足が観察された、⑤スーパービジョンのタイミングがずれた、の五点です。家庭や学校や地域のリスクマネージメントが不備だったのが最大の理由になります。そこには沈黙のエコロジーが観察されます。

事例βがよい結果を得た理由は、①性虐待事件の発生前だった、②校長をはじめ関係者が良い関係を構築していた、③子どもの性虐特に詳しい人材がいた、④ハイリスク児童として関係者間で共通認識ができていた、⑤適切なときにスーパービジョンが行えた、の五点でしょう。関係者が情報を持ち寄り役割を分担したことが功を奏しました。沈黙のエコロジーを超えて未然防止策を関係者の協働で講じることができました。

援助の成否を分けたのは、①スピーディーな協働と連携、②性虐待に対する正確な知識、③関係者が性虐待が身近な問題であり防止や予防が可能であることを知っていたこと、の三点だと思われます。

事例βに示唆されるように、必要なのは、子どもの性虐待は身近な問題であるとした認識と、虐待の発生前には何らかのサインがありそのサインを決して見逃さないという関係者の知識、そして適切に発生防止を行うための連携や協働の準備です。その際、多様な立場の情報があれば効果的な防止が展開できます。事例αのように事件発生後では関係者の間にやりきれなさを生じさせ、協働・連携もうまくいかないことが多いものです。

ところで子どもの性虐待の事件発生まで比較的に長い準備期間があることはあまり知られていません。子どもたちの多くは家族や知人からの、そしてほとんどは家庭もしくはよく知っている場所で被害を受けています。そうした傾向から示唆されることは、性虐待のほとんどは予防や防止が可能であるという点です。図Aは子どもの性虐待の発生と援助の関係を五段階で示したものです。図Aを説明しましょう。

図Aの左端から第1ステージは予防、第2スデージは未然防止、第3ステージは直前防止、第4ステージは再発・拡大防止、第5ステージはＰＴＳＤの支援の段階です。前述の事例αは再発・拡大防止の段階で第4ステージにあたり、司法・医療・福祉が援助の柱になります。事例βは第2ステージで教育関係者が協働することで未然防止を実施できる段階です。

一般的に性虐待の援助とは、事件発生後の第4ステージと第5ステージを指します。言及するまでもなく、性虐待はなんとしても発生そのものを防止したいものです。その理由は事例αの経過をみても明かでしょう。そのため予防と防止（未然防止・直前防止・再発拡大防止）を援助の中核と位置づけ、五段階の各ステージでの関係

| 第１ステージ | 第２ステージ | 第３ステージ | 第４ステージ | 第５ステージ |
|---|---|---|---|---|
| ・被害者と加害者が出会う<br>・性的な問題の潜在化<br>・問題の潜伏期間<br>・仲良くなることや一緒に行動し接近すること<br>・発達を無視した生活習慣の持続や生活環境<br>・周囲が気づいていない状態<br>・事件発生の６ヵ月以上前 | ・子どもと加害者が親密になる<br>・加害者が子どもを特定する<br>・性的な何らかの問題が発生するか暗示行動がある<br>・子どもに予期不安が出る<br>・落ち着きのなさや不安の訴え<br>・日常生活の急激な変化<br>・友達や対人関係の急激な変化<br>・事件発生の６ヵ月から３ヵ月前 | ・子どもの不安と緊張<br>・生活の急激な変化<br>・不眠や過覚醒<br>・食欲不振・拒食<br>・しがみつき<br>・加害者の緊張<br>・加害者が計画を練る<br>・加害者が理由をつくる<br>・事件発生の1ヵ月～当日 | ・子どもの混乱・動揺がみられる<br>・子どもの急激な変化がある<br>・パニック・自傷行為が出る<br>・解離・破壊行動が出る<br>・不眠・過覚醒がみられる<br>・自殺企画や強い自殺願望<br>・PTSD急性期の症状がみられる<br>・加害者のおどし／強迫<br>・事件発生当日～半月経過 | ・子どもの罪悪感・自責感<br>・急激に悪化する生活状態<br>・子どもの無力感・無価値感<br>・子どもの自尊心と減退<br>・PTSDの症状と解離症状<br>・加害者の隠匿と策略<br>・加害者のおどし／強迫<br>・加害者の弁明<br>・事件発生から半月以上経過 |
| 予防の段階 | 未然防止の段階 | 直前防止の段階 | 再発・拡大防止の段階 | PTSDの支援段階 |

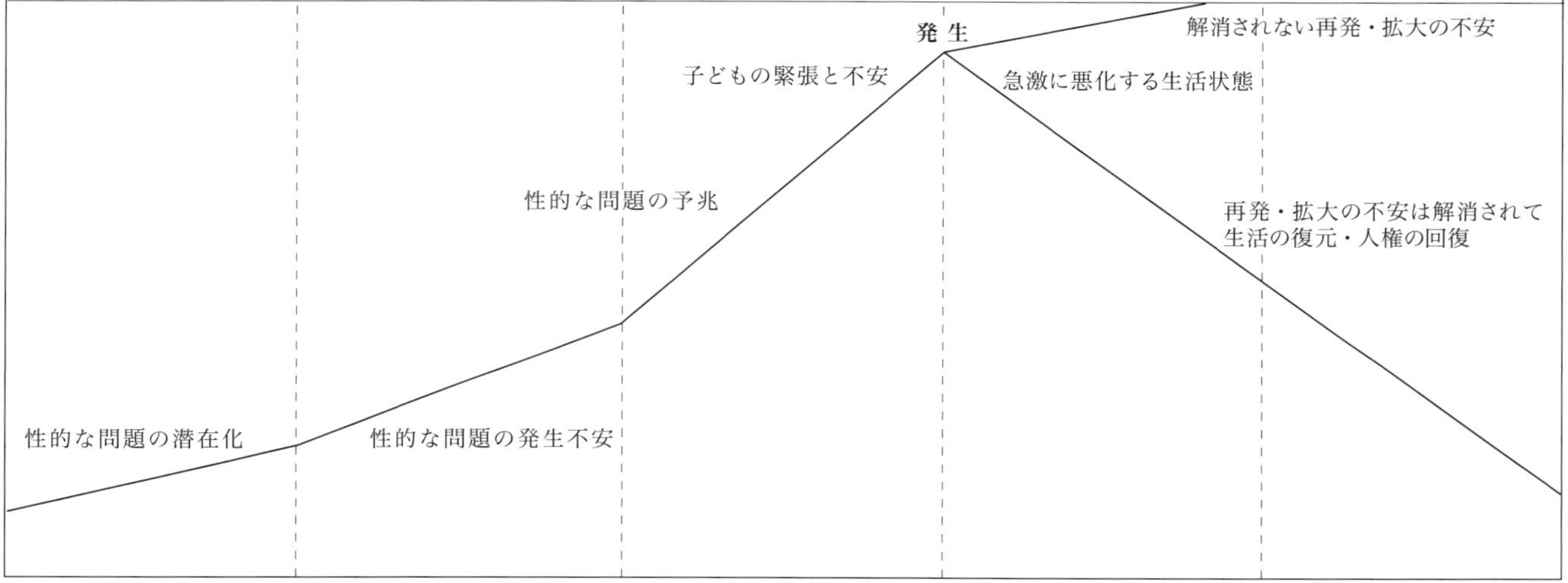


**図A　子どもの性虐待の援助の段階**

諸機関の役割を明示しました。図Aの作成の目的は性虐待事件を予防し防止するために、援助の概念枠そのものを変化させる必要性を図で示した点にあります。虐待の援助＝トラウマの援助と考えていては、まったく不十分なのです。

ちなみに図AはR・ヒルの概念的枠組みを用いて説明しているパラドらの理論[*2]と重なる部分がありますが、異なる点は性虐待の発生と援助の関係を一連の流れのなかで検討している点と、防止を援助の中核と位置づけて、未然・直前・再発拡大の三段階で説明している点です。紙幅の関係で詳しく論じることができないのが残念ですが、援助の概念枠そのものの変化がなくては援助がほとんど意味をなさないと筆者は思っています。虐待の発生の後では、何としてもわれわれは無力なのです。そのことに直面しなくてはなりません。

沈黙のエコロジーの最大の弊害は、被害にあった子どもたちの生活が語られてこなかったところにあります。特別な子が特別な状況のなかで特別な事件に巻き込まれたという誤解があって、それが社会的タブーを強化していった側面が考えられるでしょう。性虐待事件は封印する個人的かつ家族的な問題であって、それゆえ守秘義務を尊守して援助が展開されてきたと思われます。それが沈黙のエコロジーの形成に加担している気づきもなく……。

本書で強調したかった点は、子どもの性虐待のほとんどは、普通の生活をしている普通の子が、予測可能な事件の被害者になっているという点です。子どものまわりにいて子どもと接する機会がある大人なら、誰でもが予防も防止も可能なのです。

本書では私を含めて一〇人の援助者が三〇件以上の事例を提示し援助過程を検討しています。共著者の思いを総括するならば、子からのSOSのサインが今ここにあるかもしれないという周囲の認識こそが希求されるという点に尽きるでしょう。予測できた事件であるのなら予防も未然防止も直前防止も再発・拡大防止も可能なのです。つまり沈黙のエコロジーを変えることは可能なのです。まずは大人たちが手を携えあいましょう。

# 文献

## 第1章


・石川瞭子（二〇〇〇）『不登校と父親の役割』青弓社

・亀口憲治（二〇〇四）『家族の根拠』ナカニシヤ出版

・馬場禮子（一九九八）『精神分析的心理療法の実践』岩崎学術出版社

・シェリル・L・カープ（一九九九）『虐待を受けた子どもの治療戦略――被害者からサバイバーへ』坂井聖二／西澤哲訳、明石書店

・厚生労働省ホームページ(http://www-bm.mhlw.go.jp/index.html)

・峯元耕治（二〇〇一）『子どもを虐待から守る制度と介入手法――イギリス児童虐待防止制度からみた日本の課題』明石書店

・宮本義信（二〇〇四）『アメリカの対人援助専門職――ソーシャルワーカーと関連職種の日米比較』ミネルヴァ書房

・参考 COUNISIL ON SOCIAL WORK EDUCATION (http://www.cswe.org/CSWE).

・参考 AMERICAN HUMANE (http://www.americanhumane.org/).

・参考 Child Abuse Prevention Network (http://www.child-abuse.com/).

・参考 TSAFE CHILD HOME PAGE (http://www.safechild.org/index.htm).


## 第3章


・浅井春夫（一九九五）『子ども虐待と性教育』大修館書店

・グループ・ウィズネス編（二〇〇四）『親と教師のためのガイド――子どもの性的行動・きょうだい間の性虐待』明石書店

・こども未来財団（二〇〇四）「性虐待事例への援助方法に関する研究」
・児童相談所運営指針（二〇〇七）
・児童相談所全国統計（二〇〇五）
・ジェニー・ハートロッシ（一九九〇）『わたしのからだよ！』田上時子訳、木犀社
・ジュデス・L・ハーマン（一九九九）『心的外傷と回復』中井久夫訳、みすず書房
・性虐待事例への援助方法に関する研究会（二〇〇五）「児童相談所職員のための性虐待相談ガイドライン」
・デイヴィット・ジョーンズ（二〇〇二）『児童性虐待』作田明／一前春子訳、世論時報社
・D・M・ドノヴァン／D・マッキンタイア（二〇〇〇）『トラウマをかかえた子どもたち――心の流れに沿った心理療法』・西澤哲訳、誠信書房
・西澤哲（一九九四）『子どもの虐待――子どもと家族への治療的アプローチ』誠信書房
・日本弁護士連合会子どもの権利委員会編（二〇〇二）『子どもの虐待防止・法的実務マニュアル』明石書店
・本間博彰／岩田泰子編（二〇〇一）『虐待と思春期』岩崎学術出版社
・森田ゆり（二〇〇二）『癒しのエンパワメント――性虐待からの回復ガイド』築地書館

## 第4章

・前掲、西澤哲（一九九四）
・エリアナ・ギル（一九九七）『虐待を受けた子どものプレイセラピー』西澤哲訳、誠信書房
・全国児童養護施設協議会（二〇〇四）『季刊 児童養護』三五（一）、社会福祉法人全国児童養護施設協議会、四九頁

## 第5章

・前掲、西澤哲（一九九四）

## 第6章

・藤岡淳子（二〇〇二）「性非行臨床における課題」『こころの科学』一〇二号、日本評論社、八一－八六頁

・菱川愛（二〇〇七）「児童虐待問題における司法面接とは何か？」『トラウマティック・ストレス』五（一）、日本トラウマティック・ストレス学会、五七－六六頁
・宮本信也他（一九九九）「我が国における虐待事例の警察への通報状況」『子どもの虐待とネグレクト』一（一）、日本子ども虐待防止学会、七四－七九頁
・西岡純子（二〇〇七）「性犯罪者の処遇プログラム（2）大阪保護観察所での実践」『犯罪心理臨床』金剛出版、一六〇－一六八頁
・外川江美（二〇〇七）「性犯罪者の処遇プログラム（1）矯正施設での実践」『犯罪心理臨床』金剛出版、一四八－一五九頁
・遊間千秋（二〇〇〇）「児童虐待問題と警察――連携をスムーズに進めるために」『月刊福祉』一二、全国社会福祉協議会

## 第7章

・近藤喬一／鈴木純一編（二〇〇〇）『集団精神療法ハンドブック』金剛出版、二八〇頁
・参考「赤城高原ホスピタル　ホームページ」〈管理者　竹村道夫〉（http://www2.wind.ne.jp/Akagi-kohgen-HP/）

## 第8章

・エレン・バス／ルイーズ・ソートン（一九九一）『誰にも言えなかった』森田ゆり訳、築地書館
・ココロプロジェクト（一九九三）『女性の性行動や性知識についての調査報告書』ココロプロジェクト
・石川義之（二〇〇一）「性的被害とその影響――大阪コミュニティ調査の統計分析」『アディクションと家族』一八（一）、日本嗜癖行動学会
・Harvey, M. R. (1993). An ecological view of trauma. Journal of Traumatic Stress, 9 (1).〔村本邦子訳（一九九九）「生態学的視点から見たトラウマと回復」『女性ライフサイクル研究』九、女性ライフサイクル研究所〕
・Herman, J. L. (1992). Trauma and recovery. New York: Basic Books.〔中井久夫訳（一九九五）『心的外傷と回復』みすず書房〕
・内藤和美（一九九一）「こどもの性的虐待に関する研究」『女性文化研究所紀要』八、昭和女子大学
・村本邦子（二〇〇四）「性被害の実態調査から見た臨床的コミュニティ介入への提言」『心理臨床学研究』二二（一）、日本心理臨床学会

## 終章

・ロジャー・J・R・レヴェスク（二〇〇一）『子どもの性的虐待と国際人権』萩原重夫訳、明石書店、二四二頁
・H・J・パラド／L・G・パラド編（二〇〇三）『心的外傷の危機介入――短期療法による実践』河野貴代美訳、金剛出版
・石川瞭子（二〇〇五）『子どもの性虐待――スクールカウンセラーと教師のための手引き』誠信書房
・石川瞭子（二〇〇六）「子どもの性虐待の防止の可能性」『医学のあゆみ』二一七（一〇）九六五―九六九頁、医歯薬出版

# 注

## 第8章

＊1　この雑誌は絶版になっているが、主要論文をホームページで読むことができる（http://www.flcflc.com/study/article/index.html）。

＊2　当時、くまもと子どもの人権テーブルの砂川真澄さんがCAPのテキストを翻訳紹介している最中だった。現在は、NPO法人CAPセンター・JAPAN（http://www.cap-j.net/）を中心に活動が拡がっている。

＊3　穂積純氏は、裁判家庭を含む彼女自身の回復の過程を三冊の本によって著している。『甦る魂――性暴力の後遺症を生き抜いて なぜ生きるのがつらいのか、人にとって子供時代とは』高文研、一九九四年、『解き放たれる魂――性虐待の後遺症を生き抜いて』高文研、一九九九年、『拡がりゆく魂――虐待後遺症からの「回復」とは何か』高文研、二〇〇四年。

＊4　一連の調査結果は、文部省科学研究費調査報告書「一般人口における子ども時代の性被害の実態調査」（一九九九年）、大阪樟蔭女子大学特別研究助成報告書「性的被害の現在～関西コミュニティ調査報告」（二〇〇二年）として公開した。

＊5　多次元的トラウマの回復とレジリエンス尺度。日本語版MTRR／MTRR-Iは、現在、標準化の作業過程にあるが、翻訳版は、女性ライフサイクル研究所のホームページから入手できる（http://www.flcflc.com/study/mtrr/index.html）。

＊6　ホームページのアドレスは、〈http://www.generationfive.org/〉。

## 終　章

＊1　ロジャー・J・R・レヴェスク（二〇〇一）は「沈黙のエコロジーの一部は犯罪者が子どもと日常生活を維持している〈正常な人びと〉であるという点である。これからみるように沈黙のエコロジーを取り上げる必要性は性虐待の原因・結果および防止について法的対応と理解とを導くことになる」と述べ、沈黙のエコロジーは世界的に広く視察されそして深く問題解決に影響をあたえている、としている。

＊2　R・ヒル（一九六五）の危機介入のローラーコースターの概念枠組を指す。ヒルはストレス下にある一般家族が介入により危機的状況から脱するまでのプロセスを図式化している。一六三頁の図Aは未然防止と直前防止に焦点化したため緊張の高まりが山になっており、ヒルの図とは逆の構図となっている。

# あとがき

本書の企画が立ち上がった当初、筆者は、現場の臨床家が実際の性虐待の事例をあげながら援助を検討するということが本当にできるのだろうか、と疑問に思ったのを覚えています。個人情報の保護に関する社会的な機運が高まっていた時期でもあり、プライバシーに触れる事例の記述は不可能だ、と複数の臨床家から執筆を断られました。筆者も多少は予測していたとはいえ、この本の企画が始まったころは、出鼻から暗礁に乗りあげた感があったものです。

児童相談所や警察署、児童養護施設の職員は基本的に非常なハードワークをこなしています。その勤務の状態を知る筆者としては、執筆を依頼することにためらいを感じざるを得ませんでした。また、民間の相談室や病院の臨床家らは、行政関係者とは質の異なった激務であり、執筆を引き受けて下さったものの、ご自分が締め切り日前にバーンアウトになりはしないかと心配する共著者もおられたほどです。しかし繰りかえされる児童の性犯罪、そして父親や祖父による性虐待事件の続発を見聞きするにつけ、やはり何としても出版にこぎ着けなければと気をとり直しました。

ここまでに記してきたように、わが国における子どもの性虐待の多くは普通の子どもが普通の生活のなかにおいて遭遇しており、注視すればかなりの程度、予見可能だと思われます。さらに性虐待の多くに、比較的長期の準備期間があることも分かってきました。性虐待は未然防止できるのです。

今なお、性虐待に対するタブー意識は非常に強い力で社会に影響を及ぼしています。性虐待の予感を感じて声を挙げようとすれば、人はあらゆる場面で見えない抵抗に遭うことでしょう。筆者たちは、〈性虐待のSOSのサインは今ここにもあるかも知れないという認識〉〈性虐待を特異なものとしない姿勢〉を読者を含め多くの人にもっていただきたいと思います。それこそが性虐待を黙認する環境を変えていく力になるはずです。

個人のプライバシーの保護は大事です。守秘義務も大事です。PTSDの治療方法を知ることも重要なことです。しかしもっとも重要なのは、被害を未然に防止することです。虐待が発生してからでは、残念ながらわれわれは無力に近い存在であり、即効薬も特効薬ももっていません。それは第Ⅲ部に記された板倉氏、村本氏の報告をみれば分かると思います。だからこそ未然防止のために、われわれは連携するのです。

耳をすませて当事者の話をききましょう。本書には三〇件もの当事者の生活情報が掲載されています。性虐待の当事者の声、生活の軌跡にこそ解決の資源とヒントがあります。

最後に紙面をかりて謝辞を申し上げたいと思います

本書は共著者らの心強い応援とそして誠信書房編集部の松山由理子氏ならびに佐藤道雄氏の支えがあり発行にこぎ着ける事ができました。紙面をかりてここに深甚より感謝申しあげます。

おそらく本書は性犯罪事件と性虐待事件を同じテーブルにのせて援助を議論したわが国では最初の著書となるでしょう。また福祉・司法・医療・教育・心理の五領域の援助者が事例をもとに援助を具体的に検討した不二の書物でしょう。本書によって子どもの性虐待への無知・偏見・誤解を些少でも取り除くことに貢献できれば幸いに思います。また関係者に具体的で支持的な示唆を多少なりとも提供できたなら幸甚に思います。

本書は拙著『子どもの性虐待――スクールカウンセラーと教師のための手引き』の続編として出版されます。拙著に関しては関係者から多数の温かいフィードバックを頂きました。紙面をかりてお礼申しあげます。ありがとうございました。

秋色に染まった山々に囲まれて

平成一九年九月　編著者

石川瞭子

## 執筆者紹介

**石川瞭子**（いしかわ　りょうこ）
奥付参照

**佐藤量子**（さとう　りょうこ）
現　在　川崎医療福祉大学非常勤講師，臨床心理士，公立・私立中高スクールカウンセラー

**M・K**（仮名）
現　在　小学校教諭

**森　時尾**（もり　ときを）
元児童相談所職員

**氏家和子**（うじいえ　かずこ）
元児童相談所職員

**浅香　勉**（あさか　つとむ）
現　在　国際医療福祉大学医療福祉学部准教授
専　門　児童家庭福祉
著　書　『入門・社会福祉学』（共著）国際医療福祉大学出版会 2003

**津嶋　悟**（つしま　さとる）
現　在　児童擁護施設児童指導員

**吉川由香**（よしかわ　ゆか）
現　在　千葉県警本部少年課少年センター相談専門員，臨床心理士
専　門　非行臨床
著　書　山崎勝之・島井哲志編『攻撃性の行動科学――発達・教育編』ナカニシヤ出版 2002，生島浩・村松励編『犯罪心理臨床』金剛出版 2007

**板倉康広**（いたくら　やすひろ）
現　在　赤城高原ホスピタルソーシャルワーカー

**村本邦子**（むらもと　くにこ）
現　在　立命館大学産業社会学部教授，女性ライフサイクル研究所所長
専　門　臨床心理学
著　書　『暴力被害と女性――理解・脱出・回復』昭和堂 2001，『FLC 子育てナビ――子どもが被害にあったとき』三学出版 2001，キャサリン・フィッシャー『もっとうまく怒りたい！――怒りとスピリチュアリティの心理学』学陽書房 2002，二宮周平・村本邦子編『法と心理の協働――女性と家族をめぐる紛争解決に向けて』不磨書房 2006

編著者紹介

**石川　瞭子**（いしかわ　りょうこ）

1998年　日本社会事業大学大学院社会福祉学研究科博士課程修了
現　在　創造学園大学ソーシャルワーク学部教授
著　書　『子どもの福祉』（共著）八千代出版　1997,『不登校と父親の役割』青弓社　2000,『「現場」のちから――社会福祉実践における現場とは何か』（共著）誠信書房　2002,『不登校から脱出する方法』（編著）青弓社　2005,『子どもの性虐待――スクールカウンセラーと教師のための手引き』誠信書房　2005,『不登校を解決する条件――中高生を中心に』（編著）青弓社　2007

**性虐待をふせぐ――子どもを守る術《すべ》**

2008年2月8日　第1刷発行

編著者　石川　瞭子
発行者　柴田　淑子
印刷者　田中　雅博

発行所　株式会社　誠信書房
〒112-0012　東京都文京区大塚3-20-6
電話 03（3946）5666
http://www.seishinshobo.co.jp/

創栄図書印刷　イマヰ製本所　落丁・乱丁本はお取り替えいたします

Printed in Japan
ISBN978-4-414-40040-3 C1011

# 子どもの虐待

## 子どもと家族への治療的アプローチ

ISBN978-4-414-40172-1

西澤 哲著

本書は，従来あまり扱われてこなかった虐待経験が子どもに及ぼす心理的影響，虐待を生ずる家族の心理的特徴，また子どもや家族への心理治療的なかかわり方など臨床心理的な面をくわしく論じ，今後の実践の枠組みを呈示している。

目　次



**A5判上製　定価(本体2500円+税)**

# 子どもの性虐待

## スクールカウンセラーと教師のための手引き

ISBN978-4-414-40361-9

石川瞭子著

性虐待。それは決して特殊ではなく，ごくありふれた家庭において，子どもに起こりうる悲劇である。本書は，外部から遮断された核家族における肉親からの性虐待を中心に，他者からのレイプ，さらには子どもに対する買春行為にまで言及し，事例と類型を元にその発見と防止を目指す。

目　次



**四六判並製　定価(本体2400円+税)**

# トラウマティック・ストレス

## PTSDおよびトラウマ反応の臨床と研究のすべて

ベセル・A.ヴァン・デア・コルク他編
西澤 哲 監訳

ISBN978-4-414-40286-5

トラウマ，PTSDについて，これまでの研究と治療を集大成した決定版。トラウマ性の体験は，PTSDの症状のみならず，行動パターンや人格形成に深い影響を与えるという視点に貫かれており，虐待・事故などでトラウマを抱えた人を援助するすべて臨床家必携の書。

主要目次
1 トラウマというブラックホール
3 精神医学におけるトラウマの歴史
4 ストレス対トラウマ性ストレス
6 回復力，脆弱性，およびトラウマ後反応の経過
8 記録する身体
10 トラウマと記憶
12 幼少期・思春期のトラウマ性ストレス
14 外傷後ストレス障害の治療に関する概略
16 外傷後ストレス障害の認知行動療法
18 外傷後ストレス障害の精神分析的心理療法

A5判上製　定価(本体8500円+税)

# トラウマをかかえた子どもたち

## 心の流れに沿った心理療法

D.M.ドノヴァン／D.マッキンタイア著
西澤 哲 訳

ISBN978-4-414-40279-7

トラウマをかかえた子どもたちにどのように心理療法を行えばよいか，本書は「発達―コンテクスト的アプローチ」という新しい方法を提唱している。豊富な事例を通して子どもたちの内面世界がリアルに描かれ，目を見張るような新たな視点がちりばめられている。

主要目次
1 子どもの理解という単純な作業を妨げる複雑な障害物
3 発達とコンテクストを重視した子どもの心理療法
4 子どもの解離
5 成育歴の聴取，論理という道具，親の問題
6 治療空間
7 治療適性の評価
8 傷つき「心破れた」子どもたち
9 子どもの人生における喪失
11 心理療法における初回面接

A5判上製　定価(本体4800円+税)

## 被害者と加害者の対話による回復を求めて

### 修復的司法におけるＶＯＭを考える

ISBN978-4-414-40019-9

藤岡淳子編著

犯罪の被害者と加害者とを直接対話（VOM）させるプログラムは，欧米などでは近年実施されているが，日本ではまだ事例も少ない。本書は，日本での本格的導入の前提として，その正確な実態を被害者や一般の人に理解してもらうために，司法関係機関等で被害者と加害者の間に立つ専門家による問題点の整理と，今後の方向性を示す。

主要目次



**A5 判上製　定価(本体3000円+税)**

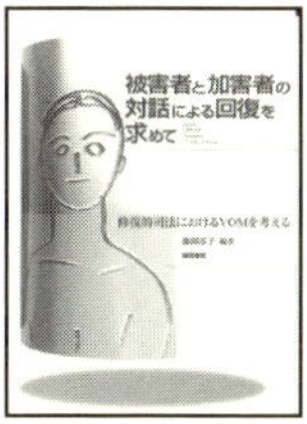


## 性暴力の理解と治療教育

ISBN978-4-414-40028-1

藤岡淳子著

性暴力の習慣性は高く，露見した段階で適切な介入を受けさせなければ，性暴力行動は徐々にエスカレートし，多くの被害者を出していく。また,加害者の犯罪への認識も薄く，再犯阻止のための治療は困難を極める。本書は，性暴力者の犯罪認識の特徴，介入方法，そして北米で効果を上げている治療教育を取り入れた実践事例を盛り込み，再犯をさせないために奮闘する矯正最前線の取り組み紹介する。

主要目次



**A5判上製　定価(本体3800円+税)**

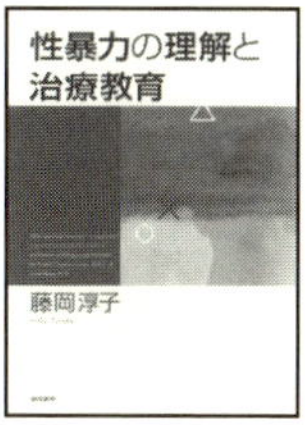

# 被害者 - 加害者調停ハンドブック

## 修復的司法実践のために

ISBN978-4-414-41427-1

マーク・S.アンブライト著　藤岡淳子監訳

修復的司法の一形態である被害者加害者調停の実態を，米・英・カナダの３カ国での大規模調査により明らかにした貴重な報告書。更生保護法が成立したわが国でも，社会内処遇のあり方を巡る論議の指針として活用される一冊である。

主要目次



A5判上製　定価(本体4300円+税)

# 父 - 娘 近親姦

## 「家族」の闇を照らす

ISBN978-4-414-42855-1

ジュディス・L.ハーマン著　斎藤 学訳

折檻や躾が親の愛の証しであった時代には児童虐待の存在は明らかにならなかった。わが国でも関連の法律が制定されつつあるが、性的虐待についてはまだ実態を見ることに抵抗がある。本書は児童期性的虐待の発見者で被害女性の治療の先駆となった著者の画期的書である。

目　次



A5判上製　定価(本体4500円+税)